Tomo Matasić

Dobar dan!

Ein Lehrbuch des Kroatischen

Wortschatz · Anhang · Schlüssel

Max Hueber Verlag

Zu diesem Lehrwerk gehören außerdem:

das Lehrbuch **Dobar dan!**

Hueber-Nr. 5100

und eine Cassette **Aufnahme der Lektionstexte**

Hueber-Nr. 25100

9. 8. 7. | Die letzten Ziffern
2000 99 98 97 96 | bezeichnen Zahl und Jahr des Druckes.
Alle Drucke dieser Auflage können, da unverändert,
nebeneinander benutzt werden.
1. Auflage

Satz und Druck: Allgäuer Zeitungsverlag, Kempten
Printed in Germany
ISBN 3-19-015100-8

Inhaltsverzeichnis

Wörterverzeichnis 5

Lektion 1 7
Lektion 2 8
Lektion 3 9
Lektion 4 10
Lektion 5 11
Lektion 6 13
Lektion 7 15
Lektion 8 16
Lektion 9 19
Lektion 10 21
Lektion 11 23
Lektion 12 26
Lektion 13 28
Lektion 14 31
Lektion 15 33
Lektion 16 36
Lektion 17 40
Lektion 18 42
Lektion 19 46
Lektion 20 49
Lektion 21 51
Lektion 22 53
Lektion 23 54
Lektion 24 56

Anhang 59

Alphabet 61
Betonung 63
Rechtschreibung 64
Lautgesetzliche Veränderungen 65
Die wichtigsten Unterschiede zwischen dem Kroatischen und dem Serbischen 67
Alphabetisches Wortschatzregister 79
Aspektpaare der Verben (imperfektiv/perfektiv) 90
Grammatikregister 93

Übersetzung der Lektionstexte und Schlüssel zu den Übungen 95

Wörterverzeichnis

Lektion 1

tkȍ	wer
tô	das
tkȍ je tô?	wer ist das?
môj, mòja, mòje	mein, meine, mein
prȉjatelj	Freund
tô je môj prȉjatelj	das ist mein Freund
ôn, òna, òno	er, sie, es
prìvremeno	vorläufig
Njèmačkā	Deutschland
ôn je prìvremeno u Njèmačkōj	er ist vorläufig in Deutschland
a	und
òvō	dies
tû	da, hier
prijatèljica	Freundin
òvō je mòja prijatèljica Náda	dies ist meine Freundin Nada
iz	aus
òna je iz Zágreba	sie ist aus Zagreb
stùdentica	Studentin
òna je stùdentica	sie ist Studentin
takóđer	auch
stùdent	Student
Bòris ì ja smo takóđer stùdenti	Boris und ich sind auch Studenten
òno	jenes
nȁš, nȁša, nȁše	unser, unsere, unser
râdnīk	Arbeiter
štȍ	was
štȍ je tô?	was ist das?
knjȉga	Buch
óvdje	hier
òvō óvdje je mòja knjȉga	das hier ist mein Buch
bìlježnica	Heft
tû	da
tȁmo	dort
rjèčnīk	Wörterbuch
a ònō tȁmo je Nádin rjèčnīk	und jenes dort ist Nadas Wörterbuch
Bòrisov rjèčnīk	Boris' Wörterbuch
ròditelji	Eltern
tvòji ròditelji	deine Eltern
zanímānje	Beruf

po zanímānju	von Beruf
òtac	Vater
pròfesor	Professor
mâjka	Mutter
domàćica	Hausfrau
râdnīk, *Pl.* râdnīci	Arbeiter
gdjȅ	wo
dànas	heute
kȍd kućē	zu Hause
stôl	Tisch
lâmpa	Lampe
đâk, *Pl.* đáci	Schüler
dȁ	ja
lȅktor	Lektor
òlōvka	Bleistift
brȁt	Bruder

Lektion 2

rȍđendan	Geburtstag
Bòrisov rȍđendan	Boris' Geburtstag
ìmati	haben
Bòris ìmā dànas rȍđendan	Boris hat heute Geburtstag
čȅkati	warten auf, erwarten
svôj, svòja, svòje	sein, seine, sein
ôn čȅkā svòje prȉjatelje	er wartet auf seine Freunde
kȍd	bei
kȕća	Haus
kȍd kućē	zu Hause
mnȍgo	viel
Bòris ìmā mnȍgo prȉjatēljā	Boris hat viele Freunde
lȉjevō	links
dèsno	rechts
vȅć	schon
dvádesēt	zwanzig
gȍdina	Jahr
Bòris ìmā vȅć dvádesēt gȍdīnā	Boris ist schon zwanzig Jahre alt
njègov, njègova, njègovo	sein, seine, sein
trídesēt	dreißig
tȅk	erst

osàmnaest	achtzehn
prímati	entgegennehmen, erhalten
pȍklōn	Geschenk
Bòris prímā pȍklōne	Boris nimmt die Geschenke entgegen
zȁdovōljan	zufrieden
vȅseo	froh
fôrma	Form
ôn je ȕ formi	er ist in Form
kȍliko	wieviel
ne	nein

Lektion 3

prȍslava	Feier
prȍslava rȍđendana	Geburtstagsfeier
čestítati	gratulieren
sjȅdati	sich setzen
prȉjatelji čèstītāju Bòrisu rȍđendan	die Freunde gratulieren Boris zum Geburtstag
òni sjȅdajū zȁ stol	sie setzen sich an den Tisch
pítati	fragen
pȉti	trinken
Bòris pítā prȉjatelje štȍ pȉjū	Boris fragt die Freunde, was sie trinken
cȓnō víno	Rotwein
bȉjelō víno	Weißwein
òbično	gewöhnlich
lìkēr	Likör
ȉli	oder
čȁj	Tee
večèras	heute abend
krȕškovac	Birnenlikör
grȁmofōn	Plattenspieler
pòkvaren	kaputt
svírati	spielen
râdio	Radio
plésati	tanzen
za	für
zàbavljati se	sich vergnügen
prȉjatelji plèšū i zàbavljaju se	die Freunde tanzen und vergnügen sich
ìći	gehen

kȕći	nach Hause
Bòrisovi prȉjatelji ȉdū kȕći	Boris' Freunde gehen nach Hause
sât	Stunde, Uhr
jedànaest	elf
u jedànaest sátī	um elf Uhr
ȕmōran, ȕmōrna, ȕmōrno	müde
òni su ȕmōrni	sie sind müde
mȉsliti	denken, meinen
čȁk	sogar
pìjan	betrunken
ôn mȉslī dȁ su òni pìjani	er meint, daß sie betrunken sind

Lektion 4

rȁzgovōr	Gespräch
kȁmo	wohin
u	in, nach
ȉdēm u Zágreb	ich gehe nach Zagreb
mórati	müssen
nàbaviti	besorgen
stvâr	Sache
nȅkē stvâri	einige Sachen
škôla	Schule
zȁ školu	für die Schule
kúpiti (si)	kaufen (sich)
nȅkē knjȉge	einige Bücher
mórām si kúpiti nȅkē knjȉge	ich muß mir einige Bücher kaufen
pjȅšicē	zu Fuß
grâd	Stadt
ȉdēš li pjȅšicē ȕ grād?	gehst du zu Fuß in die Stadt?
autóbus	Autobus
ȉdēm autóbusom	ich fahre mit dem Bus
knjìžara	Buchhandlung
nàlaziti se	sich befinden
knjìžara se nàlazī	die Buchhandlung befindet sich
cȅntar	Zentrum
u cȅntru grâda	in der Innenstadt, im Zentrum
dalèko	weit, entfernt
tô je dalèko	das ist weit
vrijème	Zeit

jâ nêmām dànas vrȅmena	ich habe heute keine Zeit
dànas po pódne	heute nachmittag
rješávati	lösen
jȍš	noch
zadátak	Aufgabe
sȕtra	morgen
mórām rješávati nȅkē zadátke zȁ sutra	ich muß noch einige Aufgaben für morgen lösen
zȁjedno	zusammen
àko	wenn
htjȅti	wollen
àko hȍćeš	wenn du willst
àuto	Auto
jâ ìmām àuto	ich habe ein Auto
dȍbar, dòbro	gut
idéja	Idee
dòbra idéja!	gute Idee!
ȍdmāh	sofort, gleich
ùzēti	nehmen, mitnehmen
sȁmo	nur
novčànīk	Portemonnaie
vesèliti se	sich freuen
jer	weil
Náda se vesèlī	Nada freut sich
srȅtan	glücklich
vòljeti, *Präs.* vòlīm	gerne haben, lieben
drúštvo	Gesellschaft
Bòris je srȅtan jer vòlī Nádino drúštvo	Boris ist glücklich, weil er Nadas Gesellschaft gerne hat
vlâk	Zug
glȅdati	sehen
lȍpta	Ball

Lektion 5

kupòvati	kaufen, einkaufen
ùlaziti	eintreten, hineingehen
pòzdravljati	grüßen, begrüßen
prodavȁčica	Verkäuferin
dòbar dân	guten Tag

žèljeti	wünschen
štȍ žèlīte?	was wünschen Sie?
gramàtika	Grammatik
jèzik	Sprache
rjèčnīk njèmačkōg jèzika	Wörterbuch der deutschen Sprache
izvòlite	bitte sehr
sámi	selbst, alleine
poslúžiti se	sich bedienen
dànas se mórāte sámi poslúžiti	heute müssen Sie sich selbst bedienen
strána	Seite
na dȅsnōj stráni	auf der rechten Seite
za strȁne jèzike	für Fremdsprachen
pomòći	helfen
jâ Vam ne mògu pomòći	ich kann Ihnen nicht helfen
jâko	sehr
zàposlen, -a, -o	beschäftigt
jer sam jâko zàposlena	weil ich sehr beschäftigt bin
kolégica	Kollegin
nàime	nämlich
bȍlestan, bȍlesna, bȍlesno	krank
mòje kolégice su nàime bȍlesne	meine Kolleginnen sind nämlich krank
u rédu	in Ordnung
znȁti	wissen
ȅvo	hier; hier ist es
ali	aber
mòći	können
náći	finden
ali nè možemo náći rjèčnīk	aber wir können kein Wörterbuch finden
ȁh	ach
štȅta	schade
trȅnūtno	im Augenblick
trȅnūtno nêmā rjèčnīka	im Augenblick gibt es kein Wörterbuch
opròstite	verzeihen Sie
dóći	kommen
pètāk	Freitag
u pètāk	am Freitag
jedànpūt	einmal
pògledati	nachsehen
dȁ li	ob
i pògledati dȁ li su rjèčnīci tu	und nachsehen, ob die Wörterbücher da sind
hvála	danke

hvála lijèpa	danke schön
bȁnka	Bank
zahvaljívati se	sich bedanken
òdlaziti	gehen, weggehen
prȉjatelji se zahvàljujū i òdlazē	die Freunde bedanken sich und gehen
do viđénja	auf Wiedersehen
dò drugōg púta	bis zum nächstenmal
zàtīm	danach
bâr	Bar
kàva	Kaffee
òni ȉdū na kàvu	sie gehen auf einen Kaffee
ràdijē	lieber
pîvo	Bier
zȁdovōljan	zufrieden
ali u drúštvu je zȁdovōljan i s kàvom	aber in der Gesellschaft ist er auch mit Kaffee zufrieden
pȍslije pódne	nachmittag
kavàna	Café
bibliotéka	Bibliothek
pȁrk	Park
šȕma	Wald
ráditi	arbeiten
vòda	Wasser

Lektion 6

restòran	Restaurant
s (sa)	mit
obítelj *f.*	Familie
na vèčeru	zum Abendessen
sa svòjom obítelju	mit seiner Familie
sprȅman, sprȅmna, sprȅmno	vorbereitet, fertig
ôn je vȅć sprȅman	er ist schon fertig
žèna	Frau
pòlaziti	aufbrechen, losgehen, sich auf den Weg machen
tȍčno	pünktlich, genau
ȍsam	acht
tȍčno u ȍsam sátī	Punkt acht Uhr
u ȍsam sátī	um acht Uhr

kćérka	Tochter
dvâ	zwei
sîn	Sohn
njȉhov, njȉhova, njȉhovo	ihr, ihre, ihr
šêst	sechs
jèdan	ein(s)
drȕgī	der andere
jèdan sîn ìmā dȅsēt a drȕgī dvánaest gȍdīnā	der eine Sohn ist zehn und der andere zwölf Jahre alt
dòbro vȅčē	guten Abend
kònobār	Kellner
ònāj	jener
pròzor	Fenster
kod pròzora	am Fenster
slȍbodan, slȍbodna, slȍbodno	frei
sjȅsti	sich setzen
odgovárati	antworten
gôst	Gast
gȍsti sjȅdajū zȁ stōl	die Gäste setzen sich an den Tisch
čȉtati	lesen
jèlōvnīk	Speisekarte
naručívati	bestellen
òdrezak	Schnitzel
tèlećī òdrezak	Kalbsschnitzel
ríža	Reis
s rížom	mit Reis
saláta	Salat
rȉba	Fisch
gládan, gládna, gládno	hungrig
Vèsna níje jâko gládna	Vesna hat nicht viel Hunger
jȁgoda	Erdbeere
slȁdoled	Eis
jȁgode sa slȁdoledom	Erdbeeren mit Eis
sôk	Saft
vȍćnī sôk	Obstsaft
jȅsti, *Präs.* jȅdēm	essen
nȉšta	nichts
zȁšto	warum
zȁšto nêćete nȉšta?	warum wollt ihr nichts?
ȍba	beide
glâs	Stimme

u jèdan glâs	einstimmig
donòsiti	bringen
jȅlo	Essen
dȍbar têk	guten Appetit
krȁsti, *Präs.* krádēm	stehlen
njézin, njézina, njézino	ihr, ihre, ihr
plȁkati, *Präs.* plȁčēm	weinen
lópōv	Dieb
mȁma	Mama, Mutter
kázati, *Präs.* kâžēm	sagen
dȁ	daß
písmo	Brief
čȁša	Glas
ȕlica	Straße
ròmān	Roman
mêso	Fleisch
pèčēnje	Braten
svìnjskō pèčēnje	Schweinebraten
sùbotom	samstags
nòvac	Geld

Lektion 7

pláža	Strand, Badestrand
na pláži	am Strand
lèžati, *Präs.* lèžīm	liegen
na	auf
pijèsak	Sand
na pijèsku	im Sand
razgovárati se (o)	sich unterhalten (über)
vrijème	Wetter
razgòvaraju se o vrȅmenu	sich unterhalten über das Wetter
razmíšljati	überlegen, nachdenken
podùzēti, *Präs.* podùzmēm	unternehmen
dóći, *Präs.* dôđēm	kommen
òstati, *Präs.* òstanēm	bleiben
lȉjep, lȉjepa, lȉjepo	schön
póći, *Präs.* pôđēm	mitgehen, gehen
vîkend	Wochenende

ako nè pođēm na vîkend sa svòjīm ròditeljima	wenn ich am Wochenendausflug nicht mitmache mit meinen Eltern
nàstavljati	fortfahren, fortsetzen
povèsti, *Präs.* povèdēm	mitnehmen
nȅkoliko	einige
jâ ću povèsti svòju prijatèljicu	ich werde meine Freundin mitbringen
ako nêmāš prȉjatēljā	wenn du keine Freunde hast
pòzvati, *Präs.* pozòvēm	einladen
rȍđāk	der Verwandte
rođàkinja	die Verwandte
òdličan, òdlična, òdlično	ausgezeichnet
òdlična idéja!	ausgezeichnete Idee!
svjȅž, svjèža, svjèže	frisch
ùzēti, *Präs.* ùzmēm	mitnehmen, nehmen
čámac	Boot
otíći	hingehen, gehen
mâlí, mâlā, mâlō	klein
òtočić	Inselchen, Insel
prìpraviti	vorbereiten
pìknik	Picknick
tȁmo ćemo prìpraviti pìknik	dort werden wir ein Picknick vorbereiten
píće	Getränk, Getränke
slágati se (s), *Präs.* slâžēm se	einverstanden sein (mit)
prijèdlog	Vorschlag
vȉdjeti se	sich sehen
vȉdjet ćemo se sȕtra	wir werden uns morgen sehen
òstajati, *Präs.* òstajēm	bleiben
prì tōme	dabei
prȉjatelji òstajū prì tōme	die Freunde bleiben dabei
ȍtōk	Insel
kíno	Kino

Lektion 8

ȉzlēt	Ausflug
koléga	Kollege
tȅ	und
ròdbina	Verwandtschaft
krénuti *vo.*, *Präs.* krênēm	sich auf den Weg machen, aufbrechen
sùbota	Samstag

u sùbotu	am Samstag, Samstag
ràno	früh
ȕprāvo	gerade
pri	bei
ȉzlazak, *G. sg.* ȉzlaska	Aufgang, Ausgang
sûnce	Sonne
ȕprāvo pri ȉzlasku sûnca	gerade bei Sonnenaufgang
òni krêćū na ȉzlēt	sie brechen zum Ausflug auf
ìći na ȉzlet	einen Ausflug machen
mjȅsto	Platz, Ort, Stelle
sàstanak	Zusammentreffen
mjȅsto sàstanka	Treffpunkt
rijèčkī, -čkā, -čkō	von Rijeka, *Adj. zu* Rijeka
lúka	Hafen
rijèčkā lúka	der Hafen von Rijeka
bròdār	Schiffer
bròdić	Schiffchen
očekívati, *Präs.* očèkujēm	erwarten
ìzletnīk	Ausflügler
òsoba	Person
vlȁsnīk	Besitzer, Eigentümer
brôd	Schiff
vlȁsnīk brȍda	Schiffseigentümer
udaljívati se	sich entfernen
od	von
ȍbala	Küste
cîlj	Ziel
Crȅs	Cres (Insel)
prílično	ziemlich
vȅlik, -ka, -ko	groß
dȍsta	genug
dȍsta dòbro	gut genug
nàstānjen, -na, -no	bewohnt
dȍsta dòbro je nàstānjen	es (Cres) ist ziemlich gut bewohnt
ùdāljen, -na, -no	entfernt
záljev	Bucht
rijèčkī záljev	die Bucht von Rijeka
trȅbati	brauchen
vòžnja	Fahrt
do	bis

òni trȅbajū jèdan dȍbar sat vòžnje brȍdom	sie brauchen eine gute Stunde Fahrt mit dem Schiff
míran, -rna, -rno	ruhig
vrijème je mírno	das Wetter ist ruhig
môre	Meer
čȉst, -a, -o	sauber, rein
plâv, -a, -o	blau
môre (je) čȉsto i plávo	das Meer (ist) sauber und blau
djèvōjka	Mädchen
dvȉje djèvōjke	zwei Mädchen
o	über
òne razgòvaraju o ȉzletu	sie unterhalten sich über den Ausflug
díviti se	bewundern
i dîvē se môru	und bewundern das Meer
dîvno	wunderschön, herrlich
kâžē jèdna	sagt die eine
krásan, -sna, -sno	herrlich, wunderschön, prächtig
bȉstar, -tra, -tro	klar, durchsichtig, rein
vȍlīm mírno i bȉstro môre	ich habe das ruhige und klare Meer gern
nàstavljā drȕgā	fährt die andere fort
òsobito	besonders
kȁd	wenn
òsobito kȁd se nàlazīm na brȍdu	besonders wenn ich mich auf dem Schiff befinde
rȁdo	gerne
promátrati	betrachten
ùzburkān, -a, -o	bewegt, stürmisch
ùzburkāno more	die bewegte (stürmische) See
náravno	natürlich
nȅmīran, -rna, -rno	unruhig
nȅmīrno môre	unruhiges (stürmisches) Meer
tajànstven, -a, -o	geheimnisvoll
bòjati se	sich fürchten, Angst haben
jâ se bòjīm môra	ich habe Angst vor dem Meer
uznèmīren, -a, -o	beunruhigt
kȁd je uznèmīreno	wenn es bewegt ist
stâlno	immer, ständig
pȁs, *G. sg.* psȁ	Hund
mòrskī pȁs	Haifisch
pûtnīk	Reisender
kȍjī, -jā, -jē	welcher

òtvoren, -a, -o	offen
pȕčina	weites Meer
mȉslīm na pûtnīke kòjī se nàlazē na òtvorenōj pȕčini	ich denke an die Reisenden, die sich auf dem offenen Meer befinden
víkati, *Präs.* vîčēm	schreien, laut reden
pa	ja
prázan, -zna, -zno	leer
pa òvā lúka je prázna	dieser Hafen ist ja leer
náselje	Siedlung
rȉbārskō náselje	Fischersiedlung
rȉbār	Fischer
sàda	jetzt
prodávati, *Präs.* pròdājēm	verkaufen
dȁnju	tagsüber
nȍću	nachts
lôv	Fang, Jagd
nȍću ȉdū ȕ lōv	nachts gehen sie auf Fang
približávati se	sich (an)nähern
làgāno	langsam
ùdisati, *Präs.* ùdišēm	atmen, einatmen
zrâk	Luft
pokušávati	versuchen
pronáći *vo., Präs.* prònāđēm	ausfindig machen, finden
zgȍdan, -dna, -dno	günstig, passend
mjestánce	ein kleiner Platz, Plätzchen
pokȕšavaju pronáći zgȍdno mjestánce	sie versuchen, ein günstiges Plätzchen zu finden

Lektion 9

sveùčilīšte	Universität
na sveùčilīštu	an der Universität
njèmačkī, -kā, -kō	deutsch
fràncūskī, -kā, -kō	französisch
njèmačkī jèzik	deutsche Sprache, Deutsch
stùdentica njèmačkōg jèzika	Studentin der deutschen Sprache
fràncūskī jèzik	französische Sprache, Französisch
knjȉževnōst	Literatur
màrljiv, -a, -o	fleißig
poháđati	besuchen

rèdōvno	regelmäßig
predávānje	Vorlesung, Vortrag
svà predávānja	alle Vorlesungen
semìnār	Seminar
jȅsēn	Herbst
òvē jȅseni	in diesem Herbst
upisívati, *Präs.* upìsujēm	belegen, einschreiben
trȅćī, -ćā, -ćē	der, die, das dritte
svȁkī, -kā, -kō	jeder, -e, -es
znáčiti	heißen, bedeuten
tô znâčī	das heißt
pêtī, -tā, -tō	der, die, das fünfte
u pêtōm sèmestru	im fünften Semester
govòriti	sprechen
jâko dòbro	sehr gut
njèmačkī	Deutsch
fràncūskī	Französisch
ȍsim tȍga	außerdem
razùmjeti, *Präs.* razùmijem	verstehen
talìjānskī (jèzik)	Italienisch
jȕtro	Morgen
dòbro jȕtro	guten Morgen
kȁko	wie
kȁko si?	wie geht es dir?
a tî?	und dir?
pa ì ja sam dòbro	mir geht es gut
dòlaziti	kommen
dòlazīm s predávānja	ich komme von der Vorlesung
nȍv, -a, -o	neu
slȕšati	hören
òvō predávānje	diese Vorlesung
sàstaviti *vo., Präs.* sàstavīm	zusammenstellen
rȁsporēd sátī	Stundenplan
àko mi òstanē slȍbodnōg vrȅmena	wenn mir freie Zeit übrig bleibt
svȁkāko	auf alle Fälle
posjećívati, *Präs.* posjèćujēm	besuchen
zanímati	interessieren
jer me jâko zànīmā	weil (es) mich sehr interessiert
sùvremen, -a, -o	modern, zeitgenössisch
òvē gȍdinē	dieses Jahr
pȍvijest	Geschichte

ȁh, pa dâ!	ach, stimmt!
sjȅćati se	sich erinnern
studírati	studieren
kàkav, -kva, -kvo	was für ein, -e, -ein
srednjovjèkovnī, -nā, -nō	mittelalterlich
dȍsādan, -dna, -dno	langweilig
téma	Thema
štȍ râdīš sȁda?	was machst du jetzt?
nȅkoliko minúta vrȇmena	einige Minuten Zeit
kantína	Kantine
póziv	Einladung
hvála na pózivu	danke für die Einladung
ȕvijek	immer
kȁo da	als ob
mîsao *(f.), G. sg.* mîsli	Gedanke
kȁo da čȉtāš mòje mîsli	als ob du meine Gedanken liest
prȉlaziti	dazukommen, sich annähern
Vȅrina prijatèljica	Veras Freundin
pȓvī, -vā, -vō	der, die, das erste
nà prvōj gȍdini	im ersten Jahr
užívjeti se *vo., Präs.* ùžīvīm	sich einleben
stùdentskī, -kā, -kō	Studenten-, in Zusammensetzungen
žȉvot	Leben
stùdentskī žȉvot	Studentenleben

Lektion 10

ljȅtnī	Sommer-, in Zusammensetzungen
prâznīci	Ferien
ljȅtnī prâznīci	Sommerferien
filòzofskī fakùltēt	Philosophische Fakultät
sjèditi	sitzen
stûdīj	Studium
zapòčēti *vo., Präs.* zàpočnēm	anfangen, beginnen
Mlàden je zàpočeo rȁzgovōr	Mladen hat mit dem Gespräch begonnen
gdjȅ si bíla *(f.)?*	wo bist du *(f.)* gewesen?
za vrijème	während
vjȅrovati, *Präs.* vjȅrujēm	glauben
pomàknuti se *vo., Präs.* pòmaknēm	sich bewegen
nísam se pòmakla ȍd kućē	ich habe keinen Schritt von zu Hause getan

sprémati	vorbereiten
ìspit	Prüfung
pomágati	helfen
sprémala sam ìspite	ich habe Prüfungen vorbereitet
prìznati *vo.*	zugeben
skòro	fast
svȁkī dân	jeden Tag
krȁtko	kurz
mȅtar	Meter
svèga nȅkoliko mȅtārā	im ganzen einige Meter
kùpalīšte	Strand, Badestrand
sùnčan, -a, -o	sonnig
vrijème je bílo lȉjepo	das Wetter ist schön gewesen
prȅviše	zuviel
pròblēm	Problem
prȅviše problémā	zuviel Probleme
ùčiti	lernen
mórala sam mȉsliti na ìspite	ich mußte an die Prüfungen denken
slȁbo	schlecht
odmòriti se *vo.*	sich ausruhen
ljûdi	Leute
ljȅti	im Sommer
vrûć, vrúća, vrúće	heiß
pȑljav, -a, -o	schmutzig
bènzin	Benzin
mî mórāmo ìći nȁ mōre	wir müssen ans Meer fahren
pȍglēd	Hinsicht
ù tōm poglédu	in dieser Hinsicht
ìmāš právo	du hast recht
gdjȅ si tî bȉo *(m.)?*	wo bist du *(m.)* gewesen?
ȅto vȉdīš	na, siehst du
jâ sam òstao kȍd kućē.	ich bin zu Hause geblieben.
prȅvišē pòsla	zuviel Arbeit
o!	oh!
jȁdan	armselig
tàko mȁlo vrȅmena	so wenig Zeit
na vrijème	rechtzeitig
polòžiti *vo.*	ablegen
matúra	Abitur
tjȅdan	Woche
putovánje	Reise

mȁturālnō putovánje	Abiturreise
ìmāš právo, sȁmo se bòjīm	du hast recht, nur fürchte ich
ȕbrzo	nach kurzer Zeit, schnell
promijèniti *vo.*	ändern
mȉšljēnje	Meinung
priblížiti se *vo.*	sich annähern, näher kommen
rúčak	Mittagessen
vrijème rúčka	Mittagszeit
mènza	Mensa

Lektion 11

napùstiti *vo.*	verlassen
ugovòriti *vo.*	ausmachen, verabreden
brodòvlasnīk	Schiffsbesitzer
pòvratak, *G. sg.* pòvratka	Rückkehr
upútiti se *vo.*	sich begeben, aufbrechen, sich auf den Weg machen
ȕzak, ùska, ùsko	schmal
pùtić	Pfad, Weg
prema	gegen, entgegen
šȕmica	Wäldchen, kleiner Wald
kȉlometar	Kilometer
svèga nȅkoliko kȉlometārā	im ganzen einige Kilometer
čistìna	Lichtung, Rodung
stáblo	Baum
sûh, súha, súho	trocken
grânje	Geäst
vȁtra	Feuer
nakon	nach
krátak, -tka, -tko	kurz
nakon krátkog vrȇmena	nach kurzer Zeit
prònašli su zgȍdno mjȅsto	haben sie einen günstigen Platz ausfindig gemacht
pòsjedati	sich (nacheinander) hinsetzen
tȇ su pòsjedali	und haben sich hingesetzt
lèći *vo., Präs.* lȅžēm u. lȅgnēm	sich hinlegen
Jȁsna je lègla	Jasna hat sich hingelegt
pod	unter
pod stáblo	unter einen Baum

tráva	Gras
na trávu	aufs Gras
jer je bíla ȕmōrna	weil sie müde war
svȉ su znȁli	alle haben es gewußt
ȍpāsno	gefährlich
lòžiti	anmachen (Feuer)
lòžiti vȁtru	das Feuer anmachen
ȍprēzan, -zna, -zno	vorsichtig
pa su bíli ȍprēzni	und (so) waren sie vorsichtig
krȕh	Brot
stȁviti *vo.*	stellen, legen
hladòvina	Schatten
pokváriti se *vo.*	kaputtgehen
dȁ se ne pòkvarī	damit es nicht kaputt geht
prȉprema	Vorbereitung
pòčēti *vo., Präs.* pȍčnēm	anfangen
tȅ su pòčeli s prȉpremama	und dann haben sie mit den Vorbereitungen angefangen
mòliti	bitten
mȍlīm	bitte
mȍlīm te	ich bitte dich
dònijeti *vo., Präs.* donèsēm	holen, bringen
mȁlo	ein wenig
mȁlo sûhōg grânja	ein wenig vom trockenen Geäst
nalòžiti *vo.*	anmachen (Feuer)
dȁ	damit, daß
dȁ nàložīm vȁtru	damit ich das Feuer anmache
vȅselo	aufgelegt, lustig
vîčē vȅselo Náda	ruft Nada lustig aus
ȅvo ȍdmāh	hier ist es gleich
jȅ li òvō dòbro?	ist das hier gut?
dakàko	jawohl, selbstverständlich
pomágati, *Präs.* pòmāžēm	helfen
oko	um, bei
priprémānje	Vorbereiten, Vorbereitung
oglàdnjeti *vo., Präs.* oglàdnīm	Hunger bekommen, hungrig werden
ožèdnjeti *vo., Präs.* ožèdnīm	Durst bekommen
jer su vȅć oglàdnjeli i ožèdnjeli	weil sie schon hungrig und durstig geworden sind
pòstaviti *vo.*	hinstellen
stòlica	Stuhl

ispod	unter, unterhalb
ispod jèdnōg stábla	unterhalb eines Baumes
rážanj	Spieß
odlúčiti *vo.*	beschließen
bȍlje	besser
ispèći *vo., Präs.* ispèčēm	braten, rösten
jȁnje	Lamm
na rážnju	am Spieß
nȅgo	als
mȕčiti se	sich abmühen
nȅgo se mȕčiti	als sich abzumühen
komàdić	Stückchen, Stück
jànjetina	Lammfleisch
pečèna jànjetina	Lammbraten
zàčinjen, -a, -o	gewürzt
òsoljen, -a, -o	gesalzen
dòbro zàčinjena i òsoljena	gut gewürzt und gesalzen
pȍznāt, -a, -o	bekannt
specijalìtēt	Spezialität
ovàkav, -kva, -kvo	solcher, dieser Art
svȅ je bílo gòtovo	alles ist fertig gewesen
oko dȅvēt sátī	um neun Uhr
dȍvōljan, -ljna, -ljno	genügend
tànjūr	Teller
òstalī, -la, -lo	übrig
príbor	Besteck
rúka	Hand
većìna	Mehrheit
nòrmālan, -lna, -lno	normal
ùzēti, *vo., Präs.* ȕzmēm	nehmen
prȅvelik, -a, -o	zu groß
bȍca	Flasche
zabúniti se *vo.*	sich irren
ìzbor	Auswahl, Wahl
etikéta	Etikett
zabúnila se pri ìzboru etikétā	sie hat sich bei der Auswahl des Etiketts geirrt
ùmjesto	anstatt, statt
ùmjesto vȍćnōg sȍka	statt des Obstsaftes
odlúčiti se *vo.*	sich entscheiden
ùdoban, -bna, -bno	gemütlich

mùzika	Musik
glȁsan, -sna, -sno	laut
pȍvīk	(Auf-) Schrei
zàspati *vo.*	einschlafen
oko ȍsam sátī	gegen acht Uhr
pred	vor, gegen
prȇd večēr	gegen Abend
krénuti *vo., Präs.* krênēm	aufbrechen, sich begeben
rȁdostan, -sna, -sno	fröhlich, froh
raspòložen, -a, -o	aufgelegt, guter Laune
prema lúci	dem Hafen entgegen

Lektion 12

kàzalīšte	Theater
sȉnōć	gestern abend
zȁšto nísi dòšla?	warum bist du nicht gekommen?
čȅkali smo te	wir haben auf dich gewartet
stùdentskī cȅntar	Studentenzentrum
òtići *vo., Präs.* òtīđēm	gehen, losgehen
dȕžē	länger
žȁo mi je	es tut mir leid
prílika	Gelegenheit
drùgōm prílikom	bei einer anderen Gelegenheit
pòkušati	versuchen
tòčnijī, -ā, -ē	pünktlicher
nȍ	nun
krívnja	Schuld
tràmvāj	Straßenbahn
pòšla sam tràmvājem	ich bin mit der Straßenbahn losgefahren
dogòditi se *vo.*	sich ereignen
nèzgoda	Unfall
pròmetna nèzgoda	Verkehrsunfall
tȁksi	Taxi
vâs níje bílo	euch gab es nicht (ihr wart nicht da)
tàko	so
ìspasti *vo.*	ausfallen, sich ergeben
ȁli tàko je ìspalo	aber es ist so ausgefallen (es hat sich so ergeben)
zȁdnjī, -njā, -njē	letzte

trenútak	Moment
kòmād	Stück
čȕti *vo., Präs.* čȕjēm	hören
čȕla sam da	ich habe gehört, daß
nȅkī, -kā, -kō	ein, -e, ein
tràgēdija	Tragödie
čȕla sam dȁ se dájē tràgēdija	ich habe gehört, daß eine Tragödie gespielt wird
tràgičan, -čna, -čno	tragisch
ìgra	Spiel
prògram	Programm
neočèkīvāno	unerwartet
tèhničkī, -ka, -ko	technisch
rázlog	Grund
iz tèhničkīh rázlogā	aus technischen Gründen
promijèniti se, *vo.*	sich ändern
kòmēdija	Komödie
„Dúndo Màroje"	„Onkel Maroje"
smijèšan, -šna, -šno	lächerlich
sàstati se, *vo., Präs.* sàstanēm	sich treffen
pòtīšten, -a, -o	bedrückt
trážiti	suchen
dûgo	lange
tražila sam vas dûgo	ich habe euch lange gesucht
tȓg	Markt, Platz
po tŕgu	am Markt
po ȕlicama	auf den Straßen
pòmisliti, *vo.*	denken
ni	gar nicht
nísam mȍgla ni pòmisliti	ich konnte gar nicht daran denken
žȁlostan, -sna, -sno	traurig
nè znam ni sáma	ich weiß es selbst nicht
pȍtreban, -bna, -bno	nötig
bílo mi je pȍtrebno	ich hatte es nötig
šála	Spaß
hȕmor	Humor
smȉjeh	Lachen
ȁh, pa dâ!	ach, ja!
svȅ	alles
nadòknaditi	nachholen
uòstālōm	übrigens

uòstālōm, štȍ mȉslīte?	übrigens, was haltet ihr davon?
vèčeras se dájē	heute abend wird gegeben
kȁko se zòvē	wie sie heißt

Lektion 13

pòlazak, *G.* pòlaska	Aufbruch, Abfahrt
mi *(D. von* jâ*)*	mir
ȉdi mi s púta!	geh mir aus dem Weg!
zâr?	wahrlich, doch vielleicht?
zâr nȅ vidīš	siehst du denn nicht
smétati + *D.*	stören
dȁ mi smêtāš	daß du mich störst
stàjati, *Präs.* stòjīm	stehen
tȅbi *(D. von* tî*)*	dir
pa ne stòjīm jâ tȅbi na pútu!	ich stehe dir ja nicht im Wege!
mȅni *(D. von* jâ*)*	mir
tî smêtāš mȅni	du störst mich
vȉdjeti *vo., Präs.* vȉdīm	sehen
sprémati se	sich vorbereiten
bȕdi!	sei!
mȁnjī, -njā, -njē	kleiner, der, die, das kleinere
tî si mȁnjā	du bist kleiner
tolìko	so viel
tȅbi nȅ trēbā tolìko mjȅsta	du brauchst nicht so viel Platz
umijèšati se	sich einmischen
umijèšat će se mȁma	mischt sich die Mutter ein
vȉdi	sieh, sieh mal an
mȍlīm te	ich bitte dich
tô znáči	das heißt
ovàko	so, auf diese Weise
pòsjet	Besuch
ìći u pòsjet	zu Besuch gehen
báka (*D.* báki!)	Großmutter
djȅd	Großvater
ȉli?	oder?
smíriti se *vo.*	sich beruhigen
smíri se!	beruhige dich!
bȕdi dòbra!	sei brav!
tȁta	Vater, Papa, Vati

ȍndā	dann
isprı́čati se *vo.*	sich entschuldigen
nȅka se ȍndā ìsprīčā	dann soll er sich entschuldigen
kȁko?	wie?
jâ nè znam štȍ i kȁko ôn mȉslī	ich weiß nicht, was und wie er denkt
oprȍstiti *vo.*	verzeihen
gȍspođica	Fräulein
oprȍstite gȍspođice.	verzeihen Sie, Fräulein!
uvrijèditi *vo.*	beleidigen, kränken
Vas *(A. von* Vî*)*	Sie *(A.)*
rúgati se	spotten
ôn mi se jȍš rûgā!	Er treibt mit mir noch Spott!
naùčiti *vo.*	lernen, beherrschen
prístojan, -jna, -jno	anständig, manierlich
ponášati se	sich benehmen
ga *(A. von* on*)*	ihn
Naùči ga kȁko se prístojno pònāšā!	Bring ihm bei, wie man sich anständig benimmt!
šȁliti se	scherzen, Spaß machen
ôn se šȁlī	er macht Spaß
osjètljiv, -a, -o	empfindlich
kȁko si tî tô dànas osjètljiva?	wieso bist du heute so empfindlich?
ljùbazan, -zna, -zno	lieb, liebenswürdig
Vèsna, bȕdi tàko ljùbazna	Vesna, sei so liebenswürdig
pa mi donèsi	und hol mir
cìpela	Schuh
čàrapa	Strumpf
hȍdnīk	Flur, Gang
kravàta	Krawatte
sȍba	Zimmer
òrmār	Schrank
i štȍ jȍš?	und was noch?
ti *(D. von* tî*)*	dir
nȅka ti donèsē mȁma	Mama soll es dir holen
kȁd se vȅć tàko dòbro razùmijēte	wenn ihr euch schon so gut versteht
donèsi mi òvō, donèsi mi ònō	bring mir dies, bring mir jenes
bjèžati	weglaufen
pût	Weg
bjèži mi s púta!	gehe mir aus dem Weg!
Vèsna, bȕdi prístojna!	Vesna, sei anständig!
jȍš nȅšto	noch etwas

mȅne *(G. von* jâ*)*	meiner
ȍd mene	von mir
pùstiti	lassen
me *(A. von* jâ*)*	mich
mîr	Ruhe
na míru	in Ruhe
pȕstite me na míru!	laßt mich in Ruhe!
pòsao, *G.* pòsla	Arbeit
ȉmām ȉ svōg pòsla	ich habe auch meine Arbeit
zàmjeriti se *vo.*	einen schlechten Eindruck hinterlassen, sich einen schlechten Ruf einhandeln
i tàko se mȁma zàmjerila Vèsni	und so hinterließ die Mutter einen schlechten Eindruck bei Vesna
òpēt	wiederum
svȉ	alle
událjiti se	sich entfernen
bez	ohne
rȉječ	Wort
bȅz riječi	ohne Worte
dòlazak, *G.* dòlaska	Ankunft
ùvidjeti	einsehen
dȁ je òna svèmu kríva	daß sie an allem schuld ist
krîv, kríva, krívo	schuld
svèmu *(D. von* svȅ = alles*)*	allem *(D.)*
pomíriti se (s) *vo.*	sich versöhnen (mit)
prȉje	vor
ùčitelj	Lehrer
príčati	erzählen
pòsjetiti	besuchen
ùopće	überhaupt
bȁš	gerade, eben
zanìmljiv, -a, -o	interessant
krȉminālnī ròmān	Kriminalroman
nȍvine *(Pluralia tantum)*	Zeitung
óvdje	hier
rèći, *Part. Perf.* rȅkao, rèkla	sagen
kȁsno	spät
dávati, *Präs.* dájēm	geben
òstaviti	lassen
ȍ tebi se príčalo	über dich wurde gesprochen

Lektion 14

Màrkov, -a, -o	dem Marko gehörend, Markos
u Màrkovōj sȍbi	in Markos Zimmer
zbog + *G.*	wegen
lȍš, -a, -e	schlecht
zbog lòšēg vrȅmena	wegen des schlechten Wetters
vȓt	Garten
zoòloškī vȓt	Zoologischer Garten
ȉznenāda	plötzlich, unerwartet
pòčēti *vo., Präs.* pȍčnēm	beginnen
pȁdati	fallen
kȉša	Regen
pȁdati kȉša	regnen
pòčela je pȁdati kȉša	es begann zu regnen
jâk, jáka, jáko	stark
pljûsak	Gewitterregen
dodúšē	zwar
ȕbrzo	in Kürze, nach kurzer Zeit
stȉšati se	sich legen, sich beruhigen
ali je kȉša pȁdala ì dalje	aber es regnete noch weiter
cȅsta	Straße, Landstraße
pȕn, pùna, pùno	voll
cȅste su bíle pùne vòdē	die Straßen waren voll Wasser
odlúčiti *vo.*	beschließen
stân	Wohnung
u stánu Màrkovīh ròditēljā	in der Wohnung von Markos Eltern
povúći se *vo., Präs.* povúčēm	sich zurückziehen
nèsmētano	ungestört
grȁmofōnskā plȍča	Schallplatte
sâm, sáma, sámo	allein
mnȍgē je dȍbio	viele hat er bekommen
na pȍklōn	zum Geschenk
posúditi *vo.*	leihen
glàzba	Musik
klàsičan, -čna, -čno	klassisch
slȁb, -a, -o	schlecht
razùmjeti se (u)	sich verstehen (auf etwas)
vȉše	mehr
svȉđati se	gefallen
mòderan, -rna, -rno	modern

pjȅsma	Lied
nȃjviše	am meisten
rìtam, *G.* rìtma, *Pl.* rìtmovi	Rhythmus
ùdarānje	Schlagen
tȅkst	Text
ȕprāvo	gerade
pòslušati	sich anhören
simfònija	Sinfonie
od Beethovena	von Beethoven
odvrátiti (od)	abhalten (von), abwenden
námjera	Absicht
stȁvljati	auflegen
nèmōj stȁvljati tȗ plȍču!	leg nicht diese Platte auf!
ljùbitelj	Liebhaber
ljùbitelj klàsičnē mùzikē	Freund der klassischen Musik
pȍštovati, *Präs.* pȍštujēm	achten, beachten
strȕka	Fach
znȃš kȁko je	du weißt, wie es ist
rastrésti se *vo.*	sich zerstreuen
smíriti se *vo.*	sich beruhigen, sich entspannen
zvònjava	Geläute, Getöse
žívac, *G.* žívca	Nerv
tȏ mi ȉdē na žívce	das geht mir auf die Nerven
smirívati, *Präs.* smìrujēm	beruhigen
nèskladan, -dna, -dno	unharmonisch
ȁtonālan, -lna, -lno	atonal
bȗbanj, *G.* bȗbnja, *Pl.* bȕbnjevi	Trommel
ùdarānje po bȕbnjevima	Trommelschlagen
živcírati	auf die Nerven gehen
tȁ	ja, doch
vrijèđati	beleidigen, kränken
dòneklē	einigermaßen, gewissermaßen
ùglađen, -a, -o	geglättet, geschliffen
slȗh	Gehör
slȗh za glàzbu	Musikgehör
ljútiti se	sich ärgern
nèmōj se ljútiti!	ärgere dich nicht!
zahtijèvati	verlangen
vȅćī, -ā, -ē	größer
koncentrácija	Konzentration
rastrèsen, -a, -o	zerstreut

pa	schon
pa kȁd si rastrèsen	wenn du schon zerstreut bist
rastrésati se	sich zerstreuen
ȕ tōm smíslu	in diesem Sinne
tî nì sām nȅ znāš	du weißt es selbst auch nicht
ȕzmi klàsičnu mùziku	nimm klassische Musik
pòlica	Regal
s pòlicē	vom Regal (herunter)
zàbavan, -vna, -vno	unterhaltend, unterhaltsam
brȁtov, -a, -o	dem Bruder gehörend, vom Bruder
tô su brȁtove	die gehören dem Bruder
jȅdnāk, -a, -o	gleich
zàtō	dafür, darum
nȉšta zàtō!	es macht nichts!
ȉpāk	doch
ȍndā sam se htȉo ȉpāk rastrésti	dann wollte ich mich doch zerstreuen
téžak, -ška, -ško	schwer
zàkasniti	sich verspäten
rezùltāt	Resultat
ìći u šétnju	einen Spaziergang machen, spazierengehen
šétnja	Spaziergang
dâj *(2. Pers. Sg., Imp. von* dȁti*)*	gib
dȁti	geben
nàzvati	anrufen

Lektion 15

lȍto	Lotto
čȕti *vo., Präs.* čȕjēm	hören
čûj, Brânko!	hör mal, Branko!
ìgrati	spielen
ìgrati lȍto	Lotto spielen
zȁšto nȅ bismo ì mī mȍgli ìgrati lȍto?	warum können wir nicht auch Lotto spielen?
spȍrtskā prognóza	Sportprognose
štȍ mȉslīš tî ȍ tome?	was denkst du darüber?
nȍvine *Pl.*	Zeitung
čìtala sam u nȍvinama	ich habe in der Zeitung gelesen
svȁkōg tjȅdna	jede Woche
nȅtko	jemand

pòstati *vo., Präs.* pòstanēm	werden
náčin	Art, Weise
nȁ taj náčin	auf diese Weise
milijùner	Millionär
ljûdi *Pl.*	Leute
tȅ dȁ ìmā mnȍgo ljúdī	und daß es viele Leute gibt
dodúše	zwar
dòbiti *vo., Präs.* dȍbijēm	gewinnen, bekommen
milìjūnskī, -ā, -ō	Millionen-
svȍta	Betrag
pȍprīlično	ziemlich
obògatiti se *vo.*	reich werden
spȍrtskā kȍla *Pl.*	Sportwagen
vȉkendica	Wochenendhaus
nȁ moru	am Meer
mòtōrnī čámac, *G.* čámca	Motorboot
râzan, -zna, -zno	verschieden
ráskošan, -šna, -šno	luxuriös, üppig
râzne drȕgē ráskošne stvâri	verschiedene andere Luxussachen
O!	Ach!
štȍ kâžēš nȁ tō?	was sagst du dazu?
isplátiti se *vo.*	sich lohnen
nè bi li se isplátilo?	würde es sich nicht lohnen?
znâm dȁ bi se isplátilo	ich weiß, daß es sich lohnen würde
kȁd bih jâ znȁo	wenn ich wüßte
među	unter
ònāj, ònā, ònō	jener, -e, -es
među ònīma	unter jenen
srȅtnīk, *Pl.* srȅtnīci	Glückspilz, Glückskind
pòstajati, *Präs.* pòstajēm	werden
pa nísu tô ȕvijek ȉstī!	das sind ja nicht immer dieselben!
ȉstī, -tā, -tō	derselbe, dieselbe, dasselbe
jȁsan, -sna, -sno	klar
tô mi je jȁsno	das ist mir klar
nȉkad (ā)	nie
dogòditi se *vo.*	geschehen, sich ereignen
nȁ lotu	im Lotto
tkȍ je mȅni pȍznat	der mir bekannt ist
tolìko	so viel
pòznanīk	Bekannter
sȁv, svȁ, svȅ, *Pl.* svȉ, svȅ, svȁ	alle

svȉ ȉgrajū lȍto	alle spielen Lotto
nijèdan, -dna, -dno	kein einziger, keiner
ùsrećiti se *vo.*	glücklich werden
kȁd bi òni znȁli ȉgrati	wenn sie spielen könnten
mȍžda	vielleicht
tô se nȅ može znȁti	das kann man nicht wissen
slučájnōst	Zufälligkeit, Zufall
tȍlik, -a, -o	so groß
brôj	Zahl
mogúćnōst	Möglichkeit
pri tȍlikom brȍju mogúćnōstī	bei einer so großen Anzahl von Möglichkeiten
kombinácija	Kombination
vjeròjatnōst	Wahrscheinlichkeit
gòtovo	fast
nȕla	Null
vjeròjatnōst je gòtovo jȅdnāka nȕli	die Wahrscheinlichkeit ist fast gleich Null
uòstālōm	übrigens
učìniti *vo.*	tun, machen
a štȍ bi tî uòstālōm ùčinila	und was würdest du übrigens tun
nòvac, *G.* nòvca	Geld
s tȍlikim nòvcem	mit so viel Geld
ò tōm	darüber
nâjvjerojàtnije	höchstwahrscheinlich
sȓčanī ȕdār	Herzschlag
nâjvjerojàtnije bih dȍbīla sȓčanī ȕdār	höchstwahrscheinlich würde ich einen Herzschlag bekommen
iznenađénje	Überraschung
od vȅlikōg iznenađénja	vor großer Überraschung
polúdjeti *vo., Präs.* pòlūdīm, *Perf.* polúdio, polúdjela	verrückt werden
srȅća	Glück
od prȅvelikē srȅćē	vor allzugroßem Glück
ȅto vȉdīš!	na siehst du!
dȁ	wenn
bȍlje je dȁ nè īgrāš lȍto!	es ist besser, wenn du kein Lotto spielst!
nádati se	hoffen
lakòmisleno	leichtsinnig
pògodak, *G.* -tka	Treffer
kȁo štȍ	wie
kȁo štȍ se ì drugī nâdajū	wie auch die anderen hoffen

iznenáditi *vo.*	überraschen
pa vjȅrujēm da me tô nè bi iznenádilo	und glaube, daß mich das nicht überraschen würde
stvârno	tatsächlich, wirklich
stvârno bismo ì mī mȍgli pòčēti ìgrati lȍto	tatsächlich können wir auch anfangen Lotto zu spielen
nèsretan, -tna, -tno	unglücklich
štȍ mȉslīš?	was meinst du?
stanòvati, *Präs.* stànujēm	wohnen
smjȅti, *Präs.* smȉjēm, *Part. Perf.* smȉo	dürfen
prèmalo	zuwenig
srȅsti *vo., Präs.* srȅtnēm, *Part. Perf.* srȅo, srȅla	treffen
srȅsti se *vo.*	sich treffen
slȕšati + *A.*	jemandem gehorchen
telèfōnskī brȏj	Telefonnummer
slȁviti	feiern
ùvjet	Bedingung
pod kòjīm ùvjetom	unter welcher Bedingung

Lektion 16

sȓpanj, *G.* sȓpnja	Juli
drâg, drága, drágo	lieber, -e, -es
drâgī Bòrise	lieber Boris
próći *vo., Präs.* prôđēm, *Part. Perf.* pròšao	vergehen
òtkako	seit, seitdem
stȉći *vo., Präs.* stȉgnēm, *Part. Perf.* stȉgao	ankommen, eintreffen
jáviti se *vo.*	sich melden
opròsti mi štȍ ti se nísam jávila	verzeih mir, daß ich mich nicht gemeldet habe
prìznati *vo.*	zugeben, gestehen
pȓvā dvâ trȋ dâna	die ersten zwei drei Tage
téžak, téška, téško	schwer
svȅ u svèmu	alles in allem
ùzletīšte	Flughafen
zágrebačkī, -ā, -ō	Zagreber *Adj.*
sa zágrebačkōg ùzletīšta	vom Zagreber Flughafen

ùzēti *vo., Präs.* ȕzmēm	nehmen
vòziti	fahren
glávnī kȍlodvor	Hauptbahnhof
prijèći	umsteigen
stàjalīšte	Haltestelle
Sáva	Save (Fluß)
svȅ bi tô bílo u rédu	das alles wäre in Ordnung
prtljága	Gepäck
pȕne rûke prtljágē	alle Hände voll mit Gepäck
kòvčeg	Koffer
pûtnā tórba	Reisetasche
rȕčnā tòrbica	Handtasche
zàmisliti se *vo.*	sich vorstellen
nèspretan, -tna, -tno	ungeschickt
izglédati	aussehen
na mòje iznenađénje	zu meiner Überraschung
náći (se) *vo., Präs.* nâđēm, *Part. Perf.* nàšao	(sich) finden
nàšlo se mnȍgo ljúdī	haben sich viele Leute gefunden
pokázati *vo., Präs.* pòkāžēm	zeigen
pònijeti *vo., Präs.* ponèsēm, *Part. Perf.* pònio, pònijela	tragen, mitnehmen
ȍpširan, -rna, -rno	ausführlich
strpljénje	Geduld
s mnȍgo strpljénja	mit viel Geduld
razjásniti *vo.*	erklären
síći *vo., Präs.* sîđēm, *Part. Perf.* sìšao	aussteigen
nâjlakše	am leichtesten
dóći *vo., Präs.* dôđēm	kommen zu
stùdentskī dôm	Studentenwohnheim
i tàko	und so
poslijepódne, *G.* -dneva	Nachmittag
tȍg poslijepódneva	an diesem Nachmittag
smjȅstiti se *vo.*	sich einquartieren, untergebracht werden
s jȍš dvjèma kolégicama	mit noch zwei Kolleginnen
jèdnom iz Fràncūskē	mit der einen aus Frankreich
Fràncūskā	Frankreich
Švȅdskā	Schweden
gȍrē	schlechter
švȅdskī	schwedisch
i jȍš gȍrē švȅdskī	und noch schlechter schwedisch

sporazumijèvati se	sich verständigen
hȑvātskī	kroatisch
na hȑvātskōm	auf kroatisch
pòčēti *vo., Präs.* pȍčnēm	anfangen
konverzácija	Konversation
počétak, *G.* -tka	Anfang
u počétku	am Anfang
òskudan, -dna, -dno	kärglich, dürftig
nakon krâtkōg vrȅmena	nach kurzer Zeit
slijèdēćī, -ā, -ē	folgend
jȕtro	Morgen
slijèdēćēg jȕtra	am folgenden Morgen
òtići, *vo., Präs.* òtīđēm, *Part. Perf.* òtišao	losgehen
upísati se	sich einschreiben
dȁ bismo se mȍgle upísati	damit wir uns einschreiben konnten
tȅčāj, *Pl.* tȅčajevi	Kurs
na tȅčāj	in den Kurs
inozémstvo	Ausland
kȁo	wie
prèdviđen, -a, -o	vorgesehen
kȁo štȍ je tô bílo prèdviđeno	wie es vorgesehen war
sàstati se *vo., Präs.* sàstanēm	sich treffen
s òstālīm stráncima	mit den anderen Ausländern
stotínjak	an die hundert
bílo nas je oko stotínjak	wir waren ungefähr hundert
upòznati se *vo.*	sich gegenseitig kennenlernen
s mnȍgīm stùdentima	mit vielen Studenten
Ìtālija	Italien
Dânskā	Dänemark
Ènglēskā	England
Àustrija	Österreich
Špànjōlskā	Spanien
zèmlja	Land, Staat
iz mnȍgīh drȕgīh zemáljā	aus vielen anderen Ländern
podijèliti se	sich einteilen, aufteilen, eingeteilt werden
grȕpica	Grüppchen
desètāk	an die zehn
po desètāk	je zehn ungefähr
ȉntenzīvan, -vna, -vno	intensiv
râd	Arbeit

pȓvīh dánā	in den ersten Tagen
náporan, -rna, -rno	anstrengend
zà svē nâs	für uns alle
bȓz, bŕza, bŕzo	schnell
prìviknuti se (na) *vo., Präs.* prìviknēm	sich (an etwas) gewöhnen
ȉzgovōr	Aussprache
ȉz dānā ȕ dān	von Tag zu Tag
svȅ bȍlje	immer besser
razumijévati se	sich verständigen
bívati	werden
interesàntan, -tna, -tno	interessant
svȅ interesàntnijī (-ā, ē)	immer interessanter
nâjzanimljìvijī, -ā, -ē	der, die, das interessanteste
sporazumijèvanje	Verständigung
između	zwischen, unter
izmeđù nās stùdēnatā	unter uns Studenten
pòdijeljen, -a, -o	eingeteilt
ni	nicht, auch nicht
dȁ nȉ na jednōm tȅčāju	daß es in keinem Kurs
sȕdionīk	Teilnehmer
národnōst	Volkszugehörigkeit, Nationalität
vjȅžba	Übung
svȁkī dân	jeden Tag
ȍsim + *G.*	außer
nèdjelja	Sonntag
nèdjeljōm	sonntags
t.j. (tô jȅst)	d.h. (das heißt)
razgledávati	besichtigen
ȍbližnjī, -njā, -njē	umliegend, naheliegend
mȅni se svîđā	es gefällt mir
stȁr, -a, -o	alt
stârī grâd	Altstadt
òsāmljen, -a, -o	einsam, vereinsamt
romàntičan, -čna, -čno	romantisch
počétak	Anfang
kȍlovoz	August
počétkom kȍlovoza	Anfang August
namjerávati	beabsichtigen, die Absicht haben
ekskùrzija	Exkursion, Reise
slobòda	Freiheit

ùmjetnōst	Kunst
pòtōm	danach
vrátiti se *vo.*	zurückkehren
završávati	zu Ende gehen, enden
krâj	Ende
krȁjem kȍlovoza	Ende August
sredìna	Mitte
rûjan	September
sredìnōm rûjna	Mitte September
pȍslije + *G.*	nach
opšìrnijē	ausführlicher
dȍživljāj	Erlebnis
sjȅćati se	sich erinnern
rȁdo Te se sjȅćām	gerne denke ich an Dich
ȉskren, -a, -o	aufrichtig
prȅkjučēr	vorgestern
prȅksutra	übermorgen
rȍđen	geboren
ròditi se	geboren sein
ȕvečer	abends

Lektion 17

pȍslovnō písmo	Geschäftsbrief
nâkladnī závod	Verlag(shaus)
ul. (ȕlica)	Straße
pȍštovanī, -nā, -nō	geehrt
pȍštovanā gȍspodo	sehr geehrte Herren
potvrđívati, *Präs.* potvr̀đujēm	bestätigen
primítak	Eingang, Entgegennahme
cȉjenjenī, -nā, -nō	geschätzt, geachtet
nàrudžba	Bestellung
od 22. lȉpnja 1977. gȍdinē	vom 22. Juni 1977
pretplátiti	vorausbestellen, abonnieren
kòjōm ste pretplátili	mit der Sie vorausbestellt haben
izdánje	Ausgabe, Publikation
svȁ nȁša izdánja	alle unsere Publikationen
od 1976. i 77. gȍdinē	aus dem Jahre 1976 und 77
náslov	Adresse
ùnijeti *vo., Präs.* unèsēm	eintragen

kartotéka	Kartei
pravòdoban, -bna, -bno	rechtzeitig, zur rechten Zeit
obavijèstiti *vo.*	benachrichtigen
dâljnjī, -njā, -njē	der, die, das weitere
pȍšīljka	Sendung
rázličit, -a, -o	verschieden
fòrmāt	Format
náslov	Titel
40 nâjnovijīh náslōvā	40 neuesten Titel
po	je
prímjerak, *G.* prímjerka	Exemplar
pȍ dvā prímjerka	je zwei Exemplare
pòslati *vo., Präs.* pȍšaljēm	schicken, senden
prímiti *vo.*	erhalten, empfangen
nàdāmo se dȁ ste je vȅć prímili	wir hoffen, daß Sie sie schon erhalten haben
stánje	Zustand
u nâjboljēm stánju	in bestem Zustand
òštećen, -a, -o	beschädigt
ako bȕdēte ìmali òštećenīh prímjerākā	wenn Sie beschädigte Exemplare haben
uspȑkos + *D.*	trotz
očekívanje	Erwarten
zamijèniti	eintauschen
zakašnjénje	Verspätung
katàlōg	Katalog
òvīh dánā	in diesen Tagen
izáći *vo., Präs.* ìzāđēm, *Part. Perf.* ìzašao	herauskommen
tȋsak, *G.* tȉska	Druck
ràčūn	Rechnung
prilágati, *Präs.* prìlāžēm	beilegen
dodijèliti *vo.*	zuteilen
pópust	Nachlaß, Rabatt, Ermäßigung
od 30% (od trídesēt pȍstō)	von 30%
òbičan, -čna, -čno	gewöhnlich
mijènjati se	sich ändern
prema	nach
količìna	Quantität, Menge
nàrūčen, -a, -o	bestellt
rȍba	Ware
prema količìni nàrūčene rȍbē	nach der Menge der bestellten Ware

varírati	variieren
žèlja	Wunsch
surádnja	Zusammenarbeit
u žèlji za dâljnjōm surádnjōm	mit dem Wunsch nach einer weiteren Zusammenarbeit
povjerénje	Vertrauen
prijatèljskī	freundlich
dȁti	geben
kȁmēn	Stein
pogòditi	treffen
ùdariti	stoßen
ȍ kamēn	gegen Stein
škȍlskē stvâri	Schulsachen
skûp, skúpa, skúpo	teuer
Jàdrānskō môre	Adria
ráditi se o	sich handeln um
rádilo se o	es handelte sich um
šȅf	Chef
kȍmercijālnī, -ā, -ō	kommerziell
òdjel	Abteilung

Lektion 18

čîm	sobald
završiti *vo.*	zu Ende gehen
tȅčāj, *Pl.* tȅčajevi	Kurs
dòcent	Dozent
znànstven, -a, -o	wissenschaftlich
dȉo, *G.* dȉjela, *Pl.* dijèlovi	Teil
provèsti *vo., Präs.* provèdēm	verbringen
odmárati se	sich ausruhen, sich erholen
kúpati se	baden
tȍpao, -pla, -plo	lauwarm
mòrskī, -kā, -kō	Meeres…
posvétiti *vo.*	widmen
kȁo štȍ su	wie zum Beispiel
posjećívanje	besuchen
kȕltūrnī, -nā, -nō	Kultur-, kulturell
spȍmēnīk	Denkmal
slȕšanje	Hören

upoznávanje	Kennenlernen
národ	Volk
ȍbičāj	Brauch, Sitte, Gewohnheit
stȉgnuti *vo., Präs.* stȉgnēm	ankommen
stȉgavši u Zàdar	als sie in Zadar ankamen
upútiti se *vo.*	sich begeben
hòtel	Hotel
blizìna	Nähe
u blizìni	in der Nähe
pȍznat, -ta, -to	bekannt
zàdarskī, -kā, -kō	von Zadar
rezervírati	reservieren
mjȅsēc dánā	ein Monat
pòlazak, *G.* pòlaska	Abfahrt
mjȅsēc dánā prȉje pòlaska	einen Monat vor der Abfahrt
tùrist	Tourist
ljȅtnī, -nā, -nō	Sommer-, sommerlich
sezóna	Saison
ljȅtnā sezóna	Sommersaison
úći *vo., Präs.* ûđēm	eintreten, hineinkommen
ûšāvši u hòtel	als sie ins Hotel hineinkamen
sàznati *vo.*	erfahren
prìčekati *vo.*	warten, abwarten
napúštati	verlassen
odmòriti se *vo.*	sich ausruhen, sich erholen
vrućìna	Hitze
òsvježiti se	sich erfrischen
òtrčati *vo., Präs.* òtrčīm	laufen, davonlaufen
kìosk	Kiosk
nasùprot	gegenüber, gegen
osvježávajūći, -ća, -će	erfrischend
sjȅsti *vo., Präs.* sjȅdnēm	sich hinsetzen
klúpa	Bank (Sitzgelegenheit)
zapáliti *vo.*	anzünden, anstecken
cigarèta	Zigarette
raspríčati se *vo.*	erzählen, sich in das Gespräch erzählend hineinsteigern
pȍthvāt	Unterfangen
ostváriti *vo.*	verwirklichen
tȉjekom	im Laufe
ìdūćī, -ća, -će	kommend, folgend

tȉjekom ìdūćīh dánā	im Laufe der kommenden Tage
nȁpēt, -a, -o	gespannt, spannend
primijètiti *vo.*	merken, bemerken
vrátivši se u hòtel	als sie ins Hotel zurückkamen
òpaziti *vo.*	merken, bemerken
prèdvōrje	Vorhalle, Vorraum, Hausflur
recèpcija	Rezeption
dȁ bi sàznale	um zu erfahren
gdjȅ su im kolége	wo ihre Kollegen sind
iznènāđen, -a, -o	überrascht
ràzmješten, -a, -o	verteilt (plaziert)
ràzmješten po sȍbama	verteilt auf die Zimmer
vjeròjatno	wahrscheinlich
vèčērnjī, -njā, -njē	Abend-, abendlich
ìzlazak, *G.* ìzlaska	Ausgang
vèčērnjī ìzlazak	Abendausgang
ne ràzmīšljajūći o	ohne zu überlegen über
formálnōst	Formalität
trȅbati	brauchen, sollen
dȁ bi dȍbile sȍbu	damit sie ein Zimmer bekämen
potr̀čati *vo., Präs.* potr̀čīm	losrennen
stȅpenice	Treppe
sjȅtiti se *vo.*	sich erinnern
sjȅtīvši se	als sie sich erinnerten
brôj	Nummer
ključ̂	Schlüssel
razòčārān, -a, -o	enttäuscht
zȁpadnī, -nā, -nō	westlich, West-
jugozápadnī, -nā, -nō	südwestlich, Südwest-
sjeverozápadnī, -nā, -nō	nordwestlich, Nordwest-
prema zȁpadnōj stráni	zur Westseite
zȁuzēt, -a, -o	besetzt
dîvan, -vna, -vno	herrlich
spávati	schlafen
nôć, *G.* nȍći *(f.)*	Nacht
pri òtvorenōm pròzoru	bei offenem Fenster
ùdarac, *G.* ùdarca	Schlag
vâl, *Pl.* válovi	Welle
pjenùšav, -a, -o	schäumend
própust	Versäumnis
nȉkāko	keinesfalls, auf keinen Fall

ȉstočnī, -nā, -nō	östlich, Ost-
nâjgōrnjī, -ā, -ē	der, die, das oberste
kȁt	Stock, Stockwerk
pòtkrōvlje	Dachgeschoß
nȅmogūć, -a, -e	unmöglich
prìzēmlje	Erdgeschoß, Parterre
nȉžī, -žā, -žē	der, die, das tiefere, niedrigere
lȉft	Aufzug
prȍmašāj	Fehlschlag, Mißerfolg
ùspjeti *vo., Präs.* ùspijēm, *Part. Perf.* ùspio, ùspjela	gelingen
pòtpunōst	Vollkommenheit
u pòtpunosti	vollkommen
prèkinuti *vo., Präs.* prèkinēm	unterbrechen
zamòliti *vo.*	bitten
požúriti se *vo.*	sich beeilen
bȁrem	mindestens, zumindest, wenigstens
među pȓvīma	unter den ersten
dȁ bȁrem večèras bȕdū među pȓvīma	damit sie wenigstens heute abend unter den ersten sind
ìnāče	sonst
jàdikovati	jammern
sàstanak, *G.* sàstanka	Zusammentreffen
pȕšiti	rauchen
televízija	Fernseher
dȍk	solange
zabòraviti *vo.*	vergessen
òsjetiti *vo.*	fühlen
tȑčati, *Präs.* tȑčīm	laufen, rennen
zàkasniti *vo.*	sich verspäten
plȉvati	schwimmen
pòbjeći *vo., Präs.* pòbjegnēm, *Part. Perf.* pòbjegao	fortlaufen
prȅvara	Betrug
ìzlaz	Ausgang
òbaviti *vo.*	erledigen, besorgen
bùdūći da	da *(Konjunktion)*
prȅkasno	zu spät
nȉtko, *G.* nȉkoga	niemand
pòstići, *vo., Präs.* pòstignēm, *Part. Perf.* pòstigao	erreichen

prèvariti *vo.*	betrügen
nȅtko, *G.* nȅkoga	jemand
zvȁti se, *Präs.* zòvēm se	heißen
jèdva	kaum
ùkrasti *vo., Präs.* ukrádēm	stehlen
nàžalost	leider
dòčekati *vo.*	erwarten, empfangen
kváriti	verdorben werden

Lektion 19

tȅk štȍ	sobald
snáći se *vo., Präs.* snâđēm, *Part. Perf.* snàšao, snàšla	sich zurechtfinden, zurechtkommen
razbàcati *vo.*	auseinanderwerfen, umherwerfen
krèvet	Bett
po stòlicama	auf die Stühle
štȍ bȑže	so schnell wie möglich
nadòknaditi *vo.*	aufholen, ersetzen
ìzgubljen, -a, -o	verloren
dȁ bi nadòknadile ìzgubljeno vrijème	damit sie die verlorene Zeit aufholten
osvétiti se *vo.*	sich rächen
dȁ bi im se tô mȍglo osvétiti	daß sich das an ihnen rächen könnte
brzìna	Schnelligkeit, Eile
dòtjerati se *vo.*	sich zurechtmachen
razùmljiv, -a, -o	verständlich
pò pr̄vī púta	zum ersten Mal
nȅpoznāt, -a, -o	unbekannt
čȕdo	Wunder
níje nì čudo	es ist kein Wunder
pokázati se *vo., Präs.* pòkāžēm	sich zeigen
u nâjboljōj fôrmi	in bester Form
pȍzitīvan, -vna, -vno	positiv
osobìna	Eigenschaft
hȍdnīk, *Pl.* hȍdnīci	Flur, Gang
raspítati se *vo.*	sich erkundigen
dȁ bi se bȁrem raspítale	um sich zumindest zu erkundigen
o kàkvom se ìzlasku râdī	um was für einen Ausgang es geht
priključiti se *vo.*	sich anschließen
odlúčiti se *vo.*	sich entscheiden

diskotéka	Diskothek
oko pȍla sâta	ungefähr eine halbe Stunde
žùrba	Eile, Hastigkeit
dȁklē	also
sȕvišan, -šna, -šno	überflüssig
dȁ smo znȁle	wenn wir gewußt hätten
tàko mnȍgo	so viel
počèšljati se *vo.*	sich (zurecht)kämmen
bíle bismo se bȍlje pòčešljale	hätten wir uns besser gekämmt
kòsa	Haar
òprati *vo., Präs.* òperēm	waschen
ȍčistiti *vo.*	putzen, sauber machen
pràšina	Staub
pȕne su pràšinē	sie sind voll von Staub
nà tō	daran
nȅkāko	irgendwie
ȉpāk	doch, jedoch
pòsjedati zȁ stol	sich an den Tisch setzen
dvȍje	zwei
po	je
pȍ dvoje	je zwei
trȍje	drei
pȍ troje	je drei
čȅtvero	vier
pȍ četvero	je vier
nȅgdje	hier und da, irgendwo
pȅtero	fünf
pȍ petero	je fünf
vȅć premà tome	je nach dem
plèsāč	Tänzer
angažírati	engagieren
plesàčica	Tänzerin
neprèstano	ununterbrochen
ȍd vremena na vrijème	von Zeit zu Zeit, ab und zu
làgān, -a, -o	langsam
tȉh, -a, -o	leise
nà tāj náčin	auf diese Weise
upòznati se	sich kennenlernen
svjètlo	Licht, Beleuchtung
gásiti se	ausgehen (Licht)
páliti se	angehen (Licht)

svjètla su se gásila i pálila	die Beleuchtung ging an und aus
svjètložût, -žúta, -žúto	hellgelb
cr̀ven, crvèna, crvèno	rot
zèlen, zelèna, zelèno	grün
támnoplâv, -pláva, -plávo	dunkelblau
bòja	Farbe
ì sve do támnoplâve bòjē	und bis zu dunkelblau
atmosféra	Atmosphäre, Stimmung
ùgodan, -dna, -dno	angenehm, behaglich
pròlaziti	vergehen, vorbeigehen
približávati se krȁju	zu Ende gehen
slijèdēćēg jȕtra	am nächsten Morgen
ùstati *vo., Präs.* ùstanēm	aufstehen
prèdstaviti *vo.*	vorstellen
obòjica	die beiden, beide
zgȍdan, -dna, -dno	hübsch, gutaussehend
pȑijāzan, -zna, -zno	freundlich, nett
bȁviti se	sich beschäftigen, etwas treiben
ribárēnje	Fischen, Fischfang
hȍbi, *G.* hȍbija	Hobby
ȑibolōv	Fischfang
nȍćnī ȑibolōv	der nächtliche Fischfang
zainterèsīrān, -a, -o	interessiert
čȃrōban, -bna, -bno	bezaubernd, entzückend
za ìdūćū vȅčēr	für den nächsten Abend
nakon štȍ	als, nachdem
ugovòriti *vo.*	vereinbaren, ausmachen
òtpratiti *vo.*	begleiten, jemanden nach Hause begleiten
zažèljeti *vo., Präs.* zàželīm, *Part. Perf.* zàželio, zàželjela	wünschen
ùdoban, -bna, -bno	angenehm, gemütlich
spávānje	Schlaf, Schlafen
ràstanak	Abschied
na ràstanku	beim Abschied
bògat, -a, -o	reich
vráta *Pl.tant.*	Tür
hlȁče *Pl.tant.*	Hose, Hosen
polìtika, *D. L.* polìtici	Politik

Lektion 20

kúpānje	Baden
rȃdi	wegen
tȍčno ȕ osam	Punkt acht
ȉzvan	außerhalb
zaùstaviti se *vo.*	anhalten, stehenbleiben
ȍvećī, -ćā, -ćē	ziemlich groß
nà tom mjȅstu	an dieser Stelle
dùbok, dubòka, dubòko	tief
trenútak, *G.* trenútka	Augenblick
zàlaziti	untergehen
iščezávati	verschwinden, dahinschwinden
dubìna	Tiefe
mòrskā dubìna	Meerestiefe
zrȁka, *D. L. sg.* zrȁci	Strahl
pòsljednjī, -njā, -njē	der, die, das letzte
pȗt	Mal, mal
po pòsljednjī pȗt	zum letzten Mal
ìspuniti *vo.*	ausfüllen
nèstati *vo., Präs.* nèstanēm	verschwinden
táman, -mna, -mno	dunkel
praznìna	Leere
pȍlusan, *G.* pȍlusna	Halbschlaf
pòzdraviti *vo.*	begrüßen
pòmoći *vo., Präs.* pòmognēm	helfen
ùlazak, *G.* ùlaska	Eintreten, Einsteigen
pri ùlasku	beim Einsteigen
pàluba	Deck
raspoložénje	Stimmung
báciti *vo.*	werfen
pȍmōć	Hilfe
ȕz pomōć	mit Hilfe
mrȅža	Netz
ùpāljen, -a, -o	angezündet
svjètīljka	Lampe, Leuchte
zvijèzda	Stern
svȅ udòbnije	immer gemütlicher
pȕniti	füllen, voll machen
mìrisav, -a, -o	duftend
gìtara	Gitarre

odjéknuti *vo., Präs.* òdjēknēm	widerhallen, erklingen
u dùbokōj nȍći	in tiefer Nacht
prèstati *vo., Präs.* prèstanēm	aufhören
zòra	Morgengrauen, Morgenröte
právo	Recht
ìmati právo na + *A.*	Recht haben auf
egzistèncija	Existenz
užívanje	Genießen
ȕkoliko	inwieweit, insofern
prèlaziti	überschreiten
grànica	Grenze
mòrāl	Moral
pòtpuno	völlig, ganz
jèdan jèdīnī, jèdna jèdīnā *(f.)*	ein einziger, eine einzige
ni jèdan jèdīnī	kein einziger, nicht ein einziger
rȉbica	Fischlein
ni jèdnē jèdīnē rȉbicē	kein einziges Fischlein
mȉrīs	Duft
òdjek, *Pl.* òdjeci	Widerhall, Klang
òpiti *vo., Präs.* ȍpijēm	berauschen
vàljda	wohl, wahrscheinlich
lȁgan, -a, -o	langsam, leicht
tȅmpo	Tempo
lȁganīm tȅmpom	in einem langsamen Tempo
krétati se	sich bewegen
ispred	vor
ùgledati *vo.*	erblicken, sehen
razvesèliti se *vo.*	sich erfreuen, in gute Stimmung geraten
pobàcati	nacheinander hinwerfen
príbor	Zubehör
rȉbārskī príbor	Fischereizubehör
zaključívati	schließen, beschließen
ùspjeh, *Pl.* ùspjesi	Erfolg
smȓt *(f.), G.* smȓti	Tod
pa	so, so daß
poznávati, *Präs.* pòznājēm	kennen
bȍlēst *(f.), G.* bȍlēsti	Krankheit
plês	Tanz
čòvjek, *Pl.* ljûdi	Mensch
hládan, -dna, -dno	kalt

Lektion 21

pût	Fahrt, Reise
prema	nach
zàčuti se *vo.*	erklingen
glâs, *Pl.* glȁsovi	Stimme, Laut
spávati	schlafen
jôj	o weh
vrátiti se sa šétnjē	vom Spaziergang zurückkommen
kroz	durch
lèći *vo., Präs.* lȅgnēm, *Part. Perf.* lȅgao	sich hinlegen
zàspati *vo., Präs.* zàspijēm	einschlafen
čȉtav, -a, -o	ganz
otprílikē	ungefähr
uznemirívati se, *Präs.* uznemìrujēm	sich beunruhigen
oko	bei
sprémānje	Packen, Bereiten
nòga	Fuß, Bein
bòljeti, *Präs.* bòlī *(unpers.)*	weh tun
bòlī me	es tut mir weh
bòlī me nòga	das Bein tut mir weh
umòriti se	müde werden
pȍla	halb
pȍla sâta	eine halbe Stunde
ùmiti se *vo., Präs.* ȕmijēm	sich das Gesicht waschen
òsjećati se	sich fühlen
kàsnijē	später
vȁrati se	sich irren
ȁh dâ!	ach ja!
ȕstrajan, -jna, -jno	beständig
jèdan drȕgōga	einander
uvjerávati	beteuern, jemanden von etwas überzeugen
pòtpuno	völlig
trijèzan, -zna, -zno	nüchtern
kȍrak	Schritt
nàprijed	vorwärts, nach vorne
nȁtrāg	rückwärts, zurück
tàko da	so daß
nȉkāko	überhaupt nicht, auf keinen Fall
gostiónica	Gaststätte

čìniti se	scheinen
čìnī mi se	es scheint mir
zadȑžati se	sich aufhalten
búditi	wecken
vìjugav, -a, -o	kurvenreich
mjȅstimičan, -čna, -čno	stellenweise
takòzvānī, -nā, -nō	sogenannt
jàdrānskī, -kā, -kō	adriatisch
magistrála	Magistrale, Hauptstraße
pȍluotok, *Pl.* pȍluotoci	Halbinsel
jȕžnī, -nā, -nō	südlich
ùzdizati se, *Präs.* ùzdižēm	hervorragen, steigen
vìsok, visòka, visòko	hoch
planìna	Berg
pûst, pústa, pústo	kahl, wüst
kȁmenit, -a, -o	steinig
závōj	Kurve, Krümmung
duž + *G.*	längs
probúditi se *vo.*	aufwachen
nâjpospànijī, -jā, -jē	der, die, das schläfrigste
vȅseo, vȅsela, vȅselo	fröhlich
pròteklī, -lā, -lō	vergangen
rȁdovati se + *D.*, *Präs.* rȁdujēm	sich freuen auf (über) etwas
pȍzitīvan, -vna, -vno	positiv
trȁjati, *Präs.* trȁjē *(unpers.)*	dauern
nȅgo štȍ	als
pròmet	Verkehr
tû ì tamo	hin und wieder
pròmetna nèzgoda	Verkehrsunfall
ȉpāk	dennoch
zîd, *Pl.* zȉdovi	Mauer
ȕličica	Gasse, Sträßchen
vâni	draußen
plȍča	Tafel
slȉka, *D. L.* -ci	Bild
oglèdalo	Spiegel

Lektion 22

ȉzabrān, -a, -o	ausgewählt
djȅlo	Werk
antikvarȉjāt	Antiquariat
pȍznāt, -a, -o	bekannt
písac	Schriftsteller
dòsada	bis jetzt
čȕti za + *A.*, *Präs.* čȕjēm	hören von
ȉme, *G.* ȉmena	Name
èvrōpskī, -kā, -kō	europäisch
slȕčajno	zufällig
lìstati po + *L.*	blättern in
zàpāmtiti *vo.*	sich merken
ȉstarskī, -kā, -kō	Istrien ...
općènito	im allgemeinen
prìmōrje	Küstenland
òbrāđen, -a, -o	bearbeitet
nasjèčen, -čèna, -čèno	angeschnitten
temàtika, *D. L.* temàtici	Thematik
bȉt će da je rȍđen	er wird geboren sein
nȅgdje	ungefähr
polòvica	Hälfte
stòljeće	Jahrhundert
tȉskān, -a, -o	gedruckt
po prílici	ungefähr
krâj	Ende
prȇd krāj	gegen Ende
bȁš	recht, genau, eben
bȁš tȍčno	recht genau
spȁdati među + *A.*	zählen zu
reàlist	Realist
písati, *Präs.* pȋšēm	schreiben
prétežno	vorwiegend
prȉpovijest	Geschichte, Kurzgeschichte
u počétku	anfangs, am Anfang
čȁsopīs	Zeitschrift
po râznīm čȁsopīsima	in verschiedenen Zeitschriften
prìmorskī, -kā, -kō	Küsten-
problemàtika, *D. L.* problemàtici	Problematik
ùzor	Vorbild

prema ùzoru na	nach dem Vorbild von
naturàlist	Naturalist
raskàlāšen, -a, -o	ausgelassen, sittenlos
pòkvaren, -a, -o	verkommen
ópis	Beschreibung
gòtovo	fast
zàljūbljen, -a, -o	verliebt
krâj	Gegend
òpīsān, -a, -o	beschrieben
pročìtati *vo.*	vorlesen, lesen
ìzvadak, *G.* -tka, *Pl.* ìzvaci	Auszug, Abschnitt
bòsiljak	Basilie, Basilienkraut
preko	über, jenseits
nâjprije	zuerst
mjȅsečnō	monatlich
rȁsprodān, -a, -o	ausverkauft, vergriffen

Lektion 23

Ȉstra	Istrien
nȍ	aber
miròvati, *Präs.* mìrujēm	ruhen, ruhig sein
pòvršina	Oberfläche
pjȅniti se	schäumen
grȍzan, -zna, -zno	grauenhaft, schrecklich
ȕžāsan, -sna, -sno	schauderhaft, entsetzlich
veličànstvo	Erhabenheit
silòvit, -a, -o	mächtig, gewaltig
vȉhor	Wirbelsturm, Sturmwind
šúmiti, *Verbaladv.* šúmēći	sausen, brausen
sȉtan, -tna, -tno	fein, winzig
prášak	Pulver, Stäubchen
slân, slána, sláno	Salz-, gesalzen
vȉti, *Präs.* vȉjēm	wirbeln
raznòsiti	zerstäuben, auseinandertragen
odsijèvati	widerspiegeln
glȁdak, -tka, -tko, *Komp.* glȁđī	glatt
pròziran, -rna, -rno	durchsichtig
zȑcalo	Spiegel
plȁvetan, -tna, -tno	azurblau

nȅbo	Himmel
sȋv, síva, sívo	grau
kȑš, *Pl.* kȑševi	Karst
zelènilo	das Grüne
pìtom, -a, -o	zahm
gìbljiv, -a, -o	beweglich, geschmeidig
uz	an, bei, neben
izgovárati	aussprechen
rȉječ	Wort
nàtīskān, -a, -o	gedruckt
nàpīsān, -a, -o	geschrieben
pójmiti	begreifen, fassen
pa poznávao imèna svȋh môra	selbst wenn er die Namen aller Meere kennte
ocèān	Ozean
drȁga, *D. L.* drȁzi	Meerbusen, Golf
shvȁćati	erfassen, begreifen
màkar	wenngleich, wenn auch
pa màkar ȉ točno znȁo	wenngleich er genau wüßte
vjȅtar, *G.* -tra, *Pl.* vjȅtrovi	Wind
dúvati	wehen
právac, *G.* -vca	Richtung
kòjīm právcem	in welche Richtung
tèći, *Präs.* tèčēm, *3. Pers. Pl.* tèkū	fließen, strömen
strúja	Strom
počélo	Urstoff, Element
sástojati se iz + *G.*	bestehen aus
pòseban, -bna, -bno	besonderer
škȏljka, *D. L.* škȏljci	Muschel
bȋljka, *D. L.* bȋljci	Pflanze
dnȍ	Grund, Boden
rásti, *Präs.* rástēm	wachsen
žȁo mi je	es tut mir leid,
štȍ ne mògu	daß ich es nicht kann
čȉtatelj	Leser
rastumáčiti	erklären
opísati	beschreiben
kȍpno	Festland
čȕditi se + *D.*	sich wundern
tvŕdnja	Behauptung
potkrijèpiti	bekräftigen

da pòtkrijepīm štò kâžēm	um das, was ich sage, zu bekräftigen
rèći *vo., Präs.* rȅčēm *u.* rȅknēm	sagen
muškárac	Mann
prispodòbiti	vergleichen
zȁjednički, -kā, -kō	gemeinsam
svójstvo	Eigenschaft
ȉstō tàko	genauso
hîr, *Pl.* hîri *u.* hírovi	Laune, Schrulle
zamàmljiv, -a, -o	verlockend
ćùtljiv, -a, -o	empfindsam
nèvjeran, -rna, -rno	untreu
međùtīm	unterdessen
svȉjet, *Pl.* svjȅtovi	Welt
znȁti, *Präs.* znâm *u.* znádēm	wissen
nazívati kòga čîm, *Präs.* nàzīvljēm	jemanden nennen + *A.*, bezeichnen
tȁd, tàda	dann
nȉkad (ā)	nie
osvjedòčiti se	sich überzeugen
paràgraf	Paragraph
dijète, *G.* djèteta, *Pl.* djèca	Kind

Lektion 24

mráčan, -čna, -čno	finster, dunkel
nȉgdje	nirgendwo
prèstrāvljen, -a, -o	erschrocken
ràstrgān, -a, -o	zerrissen, zerschlagen
pjȅna	Schaum
lâđica	Bootchen
sùstizati se, *Präs.* sùstižēm	sich einholen
prebacívati se, *Präs.* prebàcujēm	sich überschlagen
gŕnuti, *Präs.* gȓnēm	zusammenströmen, sich jagen
jèdan zà drugīm	einer nach dem anderen
usprskívati se, *Präs.* uspȑskujēm	spritzend hervorsteigen
šìrok, šìròka, šìròko	breit
šûm, *Pl.* šȕmovi	Rauschen, Heulen
múkao, -kla, -klo	dumpf
odsjèčen, -čèna, -čèno	abgeschnitten
tvȓd, tvŕda, tvŕdo	hart
zajéčiti	erhallen, dröhnen

pljûsak, *G.* -ska	Aufschlag
pojèdīnī, -nā, -nō	einzeln
nàbreknūt, -a, -o	angeschwollen
nadmètati se	sich überbieten
trȅskati	niederschmettern
zavìjen, -jèna, -jèno	verbogen
vŕšak, *G.* vŕška, *Pl.* vŕšci	Spitze
prȅdā se	vor sich
nâglo	plötzlich
prèkinūt, -a, -o	unterbrochen
trêsak, *G.* trêska	Grollen, Schmettern, Gepolter
oživljávati, *Präs.* oživljūjēm	aufleben, beleben
jednòličnōst *(f.)*	Eintönigkeit
strášan, -šna, -šno	furchtbar, grauenhaft
ȉstī (-ā, -ō) tȅ ȉstī (-ā, -ō)	immer der- (die-, das)selbe
rȉka	Gebrüll, Dröhnen
kȑšiti se	bersten, brechen
čèmpres	Zypresse
lòmiti	brechen, knicken
kôst *(f.)*	Knochen
gòlem, golèma, golèmo	riesig, gewaltig
zàtvoren, -a, -o	geschlossen
grȍb, *Pl.* grȍbovi	Grab
ùzvitlan, -a, -o	aufgewirbelt
zavíjati	heulen
sjȅvēr	Nord, Norden
zdúšiti se	sich verdunkeln
prìmicati se, *Präs.* prìmičēm	sich nähern
ȍblāk	Wolke
cȓn, cŕna, cŕno	schwarz
krížati se	sich kreuzen
múnja	Blitz
prosijècati	durchschneiden
vȉti se, *Präs.* vȉjēm	sich winden, sich schlängeln
ògnjen, -a, -o	Feuer
zmìja	Schlange
sjȅknuti *vo., Präs.* sjȅknēm	hineinschneiden
ìgrati se	spielen
sȍtona	Satan, Teufel
pàklenskī, -kā, -kō	höllisch, Höllen-
nȅmān	Ungeheuer

razlijègati se	hallen, zerhallen
gȑmljavina	Donnern
gùbiti se	sich verlieren, verlorengehen
mȑk, -a, -o	finster
razgaljívati, *Präs.* razgàljujēm	aufheitern
málko	ein wenig
bijèsan, -sna, -sno	rasend, wütend
ȕskopān, -a, -o	aufgewühlt, aufgegraben
zȁstr̄t, -a, -o	bedeckt
čȁs	Augenblick
zàvrći se *vo., Präs.* zàvrgnēm	entfachen
olúja	Gewitter, Sturm
lijèvati	gießen
kȉša (je) stȁla lijèvati	es (der Regen) fing an zu gießen
prolòmiti se	aufbrechen
nȅdaleko	unweit
trȅsnuti	aufschlagen
grôm, *Pl.* gròmovi	Blitz, Donner
žârkī, -rkā, -rkō	glühend
svjȅtlōst	Helle, Licht
raspŕšiti *vo.*	zersprengen, sprengen
hîp	Augenblick
mrâk	Finsternis, Dunkelheit
člának, *G.* -nka, *Pl.* -nci	Artikel, Aufsatz
pítānje	Frage
dìskūsija	Diskussion
horìzont	Horizont
prìncīp	Prinzip

Anhang

HRVATSKI – KROATISCH

Latinica – Lateinisches Alphabet

Druckschrift	Bezeichnung	Beispiele	Lautwert
A a	a	sob*a* – Zimmer	*a* kurz oder lang
B b	be	*b*anka – Bank	*b* *B*ank
C c	ce	*c*esta – Straße	*z* *Z*immer
Č č	če	*č*aša – Glas	*tsch* deu*tsch*
Ć ć	će	ku*ć*a – Haus	weicher als *tsch*, vgl. span. mu*ch*a*ch*o oder ital. *c*ento
D d	de	*d*an – Tag	*d* *d*u, *d*ein
Dž dž	dže	*dž*ep – Tasche	*dsch* *Dsch*ungel
Đ đ	đe	*đ*ak – Schüler	weicher als *dsch* (Dschungel), vgl. ital. *g*ente
E e	e	p*e*t – fünf	*e* kurz oder lang
F f	ef	*f*rancuski – französisch	*f* *F*est
G g	ge	*g*odina – Jahr	*g* *g*e*b*en
H h	ha	*h*vala – danke	*ch* Bu*ch*; Ach-Laut
I i	i	*i*ć*i* – gehen	*i* kurz oder lang
J j	je	*j*a*j*e – Ei	*j* *J*ahr
K k	ka	*k*a*k*o – wie	*k* *k*aufen; nicht aspiriert
L l	el	*l*ampa – Lampe	*l* *l*oben
Lj lj	elj	*lj*ubav – Liebe	weicher als *l*, vgl. ital. fi*gl*io
M m	em	*m*lad – jung	*m* *M*ut
N n	en	*n*ada – Hoffnung	*n* *N*ame
Nj nj	enj	*Nj*emačka – Deutschland	weicher als *n*, vgl. ital o*gn*i oder span. Espa*ñ*a
O o	o	*o*bala – Küste	*o* kurz oder lang
P p	pe	*p*ošta – Post	*p* *P*ost; nicht aspiriert
R r	er	*r*uka – Arm	*r* *R*adio
S s	es	*s*ada – jetzt	*ß, ss* hei*ß*, la*ss*en
Š š	eš	*š*uma – Wald	*sch* *Sch*ule
T t	te	*t*ako – so	*t* *t*aub; nicht aspiriert
U u	u	*u*čiti – lernen	*u* kurz oder lang
V v	ve	*v*atra – Feuer	*w* *W*ald
Z z	ze	*z*ub – Zahn	*s* *s*agen, Ho*s*e
Ž ž	že	*ž*ivot – Leben	vgl. franz. *j*ournal

СРПСКИ – SERBISCH

Ćirilica – Kyrillisches Alphabet

Druck-schrift	Schreib-schrift	Entsprechung im latein. Alphabet	Druck-schrift	Schreib-schrift	Entsprechung im latein. Alphabet
А а	*А а*	A a	Н н	*Н н*	N n
Б б	*Б б*	B b	Њ њ	*Њ њ*	Nj nj
В в	*В в*	V v	О о	*О о*	O o
Г г	*Г г*	G	П п	*П п*	P p
Д д	*Д д*	D d	Р р	*Р р*	R r
Ђ ђ	*Ђ ђ*	Đ đ	С с	*С с*	S s
Е е	*Е е*	E e	Т т	*Т т*	T t
Ж ж	*Ж ж*	Ž ž	Ћ ћ	*Ћ ћ*	Ć ć
З з	*З з*	Z z	У у	*У у*	U u
И и	*И и*	I i	Ф ф	*Ф ф*	F f
Ј ј	*Ј ј*	J j	Х х	*Х х*	H h
К к	*К к*	K k	Ц ц	*Ц ц*	C c
Л л	*Л л*	L l	Ч ч	*Ч ч*	Č č
Љ љ	*Љ љ*	Lj lj	Џ џ	*Џ џ*	Dž dž
М м	*М м*	M m	Ш ш	*Ш ш*	Š š

Das Lautsystem der kroatischen und serbischen Sprache besteht aus 5 bzw. 6 Vokalen und 24 bzw. 25 Konsonanten.

Der Laut **r** kann die Funktion eines Konsonanten oder auch eines Vokals haben: ***r****iba* „Fisch" (Funktion des Konsonanten); *p****r****st* „Finger" (Funktion des Vokals).

In der kroatischen Schriftsprache wird die lateinische, und in der serbischen vorwiegend die kyrillische Schrift gebraucht.

Jedes Schriftbild außer **dž, lj** und **nj** hat nur einen phonetischen Wert, d. h. für jeden Laut gibt es ein Zeichen.

Alle Vokale werden verhältnismäßig offen und deutlich ausgesprochen. Sie können kurz oder lang sein, was von der Qualität der Betonung und von der Position im Wort abhängt.

r wird in seinen beiden Funktionen (Konsonant und Vokal) als Zungenspitzen- oder als gerolltes r ausgesprochen.

p, t und **k** werden nicht wie im Deutschen aspiriert (behaucht).

b, d und **g** verlieren nie an ihrer Stimmhaftigkeit, d. h. sie werden in jeder Wortposition gleich ausgesprochen.

Der Laut **h** wird immer gutural, d. h. wie im Deutschen etwa der Ach-Laut *(ac****h****t)*, ausgesprochen.

Der Laut **l** ist viel härter als das gleichwertige Lautbild im Deutschen, jedoch etwas weicher als das russische oder englische **l.**

Für die Laute **dž, lj** und **nj** werden zwei Buchstaben gebraucht, die jedoch in einem Zug ausgesprochen werden.

Die Betonung

Die kroatische und die serbische Sprache besitzen einen Akzent, dessen Hervorbringung neben der Druckstärke auch durch das Fallen oder Steigen des betreffenden Vokals und durch die Quantität dieses Fallens oder Steigens gekennzeichnet ist.

Es gibt folgende Akzente:

kurzfallend (̏): cȅsta – ce$_{\text{sta}}$

langfallend (ˆ): lâmpa – la$_{\text{a}_{\text{ampa}}}$

kurzsteigend (ˋ): žèna – že^{na}

langsteigend (ˊ): rúka – ru$^{\text{u}^{\text{ka}}}$

Die wichtigsten Betonungsregeln:

1) Einsilbige Wörter können nur fallende Akzente (ˆ, ˆ) haben: *slȁb* schwach, *dân* Tag.
2) Bei mehrsilbigen Wörtern wird nie die Endsilbe betont.
3) Mehrsilbige Wörter können fallenden Akzent haben und zwar nur auf der ersten Silbe.
4) Steigende Akzente (`, ´) können nur in mehrsilbigen Wörtern auf allen Silben stehen.

Die Rechtschreibung

Die Großschreibung

1) Personennamen, Namen der Völker, Länder, Städte usw.
2) Namen der Himmelskörper: *Mjesec* „Mond", *Sunce* „Sonne" usw.
3) Feiertage, die aus einem Wort bestehen: *Božić* „Weihnachten". Bei Feiertagen, die aus mehreren Wörtern bestehen, wird nur das erste Wort großgeschrieben: *Nova godina* „Neujahr".
4) Bei Bezeichnung von Organisationen, Straßen und bei Titeln von Büchern, Zeitschriften etc. wird nur das erste Wort großgeschrieben.

Silbentrennung

Vokale werden getrennt, soweit sie nicht am Wortende stehen: *pa-u-sa* „Pause".

Ein Konsonant wird zur folgenden Silbe gezogen: *o-tac* „Vater".

Mehrere Konsonanten werden so getrennt, daß sie Gruppen bilden, die sich leicht aussprechen lassen: *se-stra* oder *ses-tra* „Schwester", aber *sun-ce* „Sonne".

Interpunktion

Für die Setzung des Kommas gelten die logischen und nicht die grammatischen Regeln; d.h., daß Sätze, die logisch zusammenhängen (z.B. Relativsätze), nicht durch ein Komma getrennt werden.

Nur subjektive Erklärungen und eingeschobene Sätze werden durch Komma getrennt.

Die übrigen Interpunktionszeichen weichen nicht von den allgemeinen Regeln ab, die auch für andere Sprachen gelten.

Lautgesetzliche Veränderungen

Vokalismus

Das bewegliche a: – wird zwischen zwei auslautende Konsonanten wegen der leichteren Aussprache eingeschoben. Am häufigsten kommt es in folgenden Fällen vor:

a. Im Nominativ der Einzahl und im Genitiv der Mehrzahl einiger männlicher Substantiva:

N. Sg. bor**a**c, *G. Pl.* bor**a**ca, *G. Sg.* bo**rc**a – *Kämpfer*
stran**a**c, stran**a**ca, stra**nc**a – *Ausländer*

b. Im Genitiv der Mehrzahl einiger Feminina:

N. Sg. ses**tr**a, *G. Pl.* sest**a**ra – *Schwester*

c. Im Nominativ der Einzahl der männlichen Adjektive in der unbestimmten Form:

dob**a**r *(m.)*, do**br**a *(f.)*, do**br**o *(n.)* – *gut*

Konsonantismus

Assimilation (Angleichung): – Wenn zwei Konsonanten, von denen einer stimmhaft und der andere stimmlos ist, innerhalb eines Wortes aneinandertreten, dann wird jeweils der vorangehende an den folgenden angeglichen. Das heißt, die stimmhaften vor den stimmlosen werden selbst stimmlos und umgekehrt. Das gilt auch in der Schreibung.

Stimmhaft	b	d	g	dž	đ	z	ž	–	–	–
Stimmlos	p	t	k	č	ć	s	š	c	h	f

sla**dk**ak *(m.)* > sla**tk**a *(f.)*: **d + k > t + k** – *süß*
svjedo**džb**a < svjedo**č** + **b**a: **č + b > dž + b** – *Zeugnis*

Vereinfachung von Konsonantengruppen: – Zwei gleichwertige aufeinanderfolgende Konsonanten werden vereinfacht:

pe**d**eset < pe**d**+**d**eset < pe**t**+**d**eset – *fünfzig*
o**d**ijeliti < o**dd**ijeliti – *trennen, abtrennen*

dc und **tc** werden vereinfacht zu **c:**

N. sudac, *G.* su**c**a < su**dc**a – *Richter*
N. otac, *G.* o**c**a < o**tc**a – *Vater*

Lautwandel von o zu e: – Nach palatalen Lauten (**č, ć, dž, đ, š, ž, j, lj, nj, c** und manchmal **z** und **r**) wird ein **o** zu **e:**

loš**e** statt *loš**o** – *schlecht*
prijatelj**e**m statt *prijatelj**o**m – *mit dem Freund*

Lautwandel von Konsonanten (Palatalisation)

1) **k**, **g**, **h**	vor **e** werden zu	**č:** juna**č**e < juna**ke** = *V.* von junak – *Held* **ž:** dru**ž**e < dru**ge** = *V.* von drug – *Kamerad* **š:** du**š**e < du**he** = *V.* von duh – *Geist*
2) **k**, **g**, **h**	vor **i** werden zu	**c:** juna**c**i < juna**ki** = *N. Pl.* von junak **z:** dru**z**i < dru**gi** = *N. Pl.* von drug, poetisch **s:** du**s**i < du**hi** = *N. Pl.* von duh

Jotierung:

Das **j** verursacht die Palatalisierung der ihm vorangehenden nichtpalatalen Konsonanten:

k + j > č: pla**č**em < pla**k+j**em – plakati – *weinen*
g + j > ž: la**ž**em < la**g+j**em – lagati – *lügen*
h + j > š: ma**š**em < ma**h+j**em – mahati – *winken*
t + j > ć: smr**ć**u < smr**t+j**u – smrt – *Tod*
d + j > đ: gla**đ**u < gla**d+j**u – glad – *Hunger*
n + j > nj: ta**nj**i < ta**n+j**i – tanak – *dünn*
s + j > š: pi**š**em < pi**s+j**em – pisati – *schreiben*
z + j > ž: br**ž**i < br**z+j**i – brz – *schnell*
l + j > lj: da**lj**i < da**l+j**i – dalek – *weit*
c + j > č: mi**č**em < mi**c+j**em – micati – *bewegen*

Epenthetisches l: – wird zwischen die Konsonanten **pj, bj, mj** und **vj** eingeschoben:

sku**plj**i < sku**p+j**i – skup – *teuer*
lju**blj**en < lju**b+j**en – ljubiti – *küssen*

Das Serbische und das Kroatische

Das Serbische und das Kroatische sind die Schriftsprachen zweier im heutigen Jugoslawien lebenden Nationen; das Serbische ist die Sprache der Serben und das Kroatische die der Kroaten. Beide Nationen haben für ihre Sprache die štokavische Dialektgruppe gewählt (štokavisch kommt von *što* „was"), innerhalb welcher sich die Serben jedoch für die *ekavische,* und die Kroaten für die *ijekavische* Mundart entschieden und sie zur Schriftsprache erhoben haben. Die Auswahl geschah aufgrund der Mehrheit der Gleichsprechenden sowohl bei den Serben als auch bei den Kroaten. Die folgende Tabelle veranschaulicht die Verhältnisse:

SERBISCHE UND KROATISCHE STANDARDSPRACHEN
(= štokavisch)

KROATISCH	SERBISCH
(= ijekavisch)	*(= ekavisch)*
Kroatien	Serbien
Bosnien	
Herzegowina	
Montenegro	

Das Slowenische im Norden und das Mazedonische im Süden Jugoslawiens sind eigene slawische Sprachen, die sich stärker von der serbischen oder der kroatischen Standardsprache unterscheiden.

Die wichtigsten Unterschiede zwischen dem Kroatischen und dem Serbischen

1. Ijekavisch – Ekavisch

Die Wesensmerkmale des Ijekavischen (des Kroatischen) und des Ekavischen (des Serbischen) beruhen auf der unterschiedlichen Entwicklung eines urslavischen e-Lauts (des sogen. „Jat"). Im Kroatischen wurde das lange ē (das lange Jat) zu **-ije- (-ȉje-, -ijè-)** und das kurze ĕ (das kurze Jat) zu **-je- (-jȅ-, -jè-),** im Serbischen dagegen das lange zu einem langen **-e- (-ê-, -é-)** und das kurze zu einem kurzen **-e- (-ȅ-, -è-):**

kroatisch:	cv**ȉje**t	*serbisch:*	cv**ê**t – *Blüte*
	r**ijè**ka		r**é**ka – *Fluß*
	m**jȅ**sto		m**ȅ**sto – *Ort*
	cv**jè**tati		cv**è**tati – *blühen*

Vor j und o wird das urslavische Jat im Kroatischen zu **-i-,** und im Serbischen zu **-e-:**

kroatisch:	sm**ìj**ati se	*serbisch:*	sm**èj**ati se – *lachen*
	c**ȉo**		c**ȅo** – *ganz*
	d**ȉo**		d**ȅo** – *Teil*

Nach der Gruppe **Konsonant plus r** wird das kurze Jat sowohl im Serbischen als auch im Kroatischen zu einem kurzen **-e- (-ȅ-, -è-):**

kroatisch:	g**rȅ**ška	*serbisch:*	g**rȅ**ška – *Fehler*

2. Lautgesetzliche Unterschiede

Zwischen dem Kroatischen und dem Serbischen bestehen etwa 85 lautgesetzliche Unterschiede, von denen hier nur die wichtigsten aufgezählt werden.

„–“ bezeichnet, daß es in der jeweiligen Sprache keinen Laut gibt.

Kroatisch		*Serbisch*		*Deutsche Bedeutung*
a	uzaj**a**mni razočar**a**nje	**e**	uzaj**e**mni razočar**e**nje	*gegenseitig* *Enttäuschung*
a	pojav**a** grip**a**	–	pojav grip	*Erscheinung* *Grippe*
a	brblj**a**vac	**i**	brblj**i**vac	*Schwätzer*
a	sl**a**venski jugosl**a**venski	**o**	sl**o**venski jugosl**o**venski	*slavisch* *jugoslawisch*
–	teritorij laboratorij	**a**	teritorij**a** laboratorij**a**	*Territorium* *Laboratorium*
e	Alp**e** And**e** kamat**e**	**i**	Alp**i** And**i** kamat**i**	*Alpen* *Anden* *Zinsen*
e	**e**vanđelje **e**vanđelist	**je**	**je**vanđelje **je**vanđelista	*Evangelium* *Evangelist*
eu	Z**eu**s **eu**nuh	**ev**	Z**ev**s **ev**nuh	*Zeus* *Eunuch*

Kroatisch		*Serbisch*		*Deutsche Bedeutung*
i	gr**i**jati med**i**cina	**e**	gr**e**jati med**e**cina	*wärmen* *Medizin*
ije	zal**ije**vati	**i**	zal**i**vati	*gießen, begießen*
je	zal**je**v	**i**	zal**i**v	*Bucht*
ije	c**ije**l	**e**	c**e**o	*ganz*
je	c**je**lina	**e**	c**e**lina	*Ganzheit*
o	Vlad**o** Per**o**	**a**	Vlad**a** Per**a**	*Personenname (Vlado)* *Personenname*
u	s**u**vremen s**u**radnik	**a**	s**a**vremen s**a**radnik	*zeitgemäß* *Mitarbeiter*
u	**u**š **u**zduh **u**skrsnuti	**va**	**va**š **va**zduh **va**skrsnuti	*Laus* *Luft* *auferstehen*
b	**B**a**b**ilon keru**b**in	**v**	**V**a**v**ilon heru**v**in	*Babilon* *Cherub (Engel)*
c	**C**ipar o**c**ean	**k**	**K**ipar o**k**ean	*Cypern* *Ozean*
c	finan**c**ije **c**entimetar	**s**	finan**s**ije **s**antimetar	*Finanzen* *Zentimeter*
c	demokra**c**ija garan**c**ija	**t**	demokra**t**ija garan**t**ija	*Demokratie* *Garantie*
č	ljulja**č**ka	**š**	ljulja**š**ka	*Schaukel*
ć	op**ć**ina sve**ć**enik	**št**	op**št**ina sve**št**enik	*Gemeinde* *Priester*
ć	skupo**ć**a jeftino**ć**a	**t**	skupo**t**a jevtino**t**a	*Teuerkeit, Teuerung* *Billigkeit*
d	gove**d**ina re**d**ati	**đ**	gove**đ**ina re**đ**ati	*Rindfleisch* *reihen*

Kroatisch		*Serbisch*		*Deutsche Bedeutung*
đ	lu**đ**ak lu**đ**ački	**d**	lu**d**ak lu**d**ački	*Narr, der Tor* *närrisch, töricht*
g	litur**g**ija ma**g**ija	**đ**	litur**đ**ija ma**đ**ija	*Liturgie* *Magie*
–	janje	**g**	ja**g**nje	*Lamm*
h	ku**h**ati ku**h**ar	**v**	ku**v**ati ku**v**ar	*kochen* *Koch*
h	**h**ereza **h**ijeroglif	**j**	**j**eres **j**eroglif	*Häresie, Ketzerei* *Hieroglyphe*
h	dr**h**tati dr**h**tavica	**k**	dr**k**tati dr**k**tavica	*zittern* *Schüttelfrost*
h	**h**istorija **h**ametice	–	istorija ametice	*Geschichte* *restlos, gänzlich*
hv	**hv**atati **hv**aliti	**f**	**f**atati **f**aliti	*fangen* *loben*
j	**J**ur**j**evo	**đ**	**Đ**or**đ**evdan	*Georgstag*
ju	Bri**ju**ni mili**ju**n pi**ju**n	**o**	Bri**o**ni mili**o**n pi**o**n	*Briuni (Inselgruppe)* *Million* *Bauer (Schachfigur)*
k	**k**arakteristika	**h**	**h**arakteristika	*Charakteristik*
l	p**l**osnat p**l**osnatost	**lj**	p**lj**osnat p**lj**osnatost	*flach* *Flachheit*
lj	svira**lj**ka tuža**lj**ka	**j**	svira**j**ka tuža**j**ka	*Pfeife (von pfeifen)* *Klagelied*
n	lije**n** ljet**n**i	**nj**	le**nj** let**nj**i	*faul* *sommerlich*
nj	blat**nj**enje go**nj**enje	**n**	blat**n**enje go**n**enje	*Beschmutzen* *Jagen, Treiben*

Kroatisch		*Serbisch*		*Deutsche Bedeutung*
p	Jos**ip** Stje**p**an	**f**	Jos**if** Ste**f**an	*Josip (Vorname)* *Vorname*
pt	**pt**ica	**t**	**t**ica	*Vogel*
š	**š**utjeti	**ć**	**ć**utati	*schweigen*
š	**š**kiljiti	**č**	**č**kiljiti	*blinzeln, spicken*
s	u**s**prkos u**s**porediti	–	uprkos uporediti	*trotz* *vergleichen*
š	istomi**š**ljenik mi**š**ljenje	**s**	istomi**s**lenik mi**s**lenje	*Gesinnungsgenosse* *Meinung*
šk	**šk**ropionica	**k**	**k**ropionica	*Weihwasserbecken*
t	pile**t**ina sre**t**an	**ć**	pile**ć**ina sre**ć**an	*Hühnerfleisch* *glücklich*
t	**t**uš **t**uširati	**d**	**d**uš **d**uširati	*Tusche* *tuschen*
z	filo**z**ofija kon**z**ul Per**z**ija	**s**	filo**s**ofija kon**s**ul Per**s**ija	*Philosophie* *Konsul* *Persien*

3. Wortbildungs- und morphologische Unterschiede

Von etwa 200 Wortbildungs- und morphologischen Unterschieden werden hier die wichtigsten aufgezählt.

a) Suffixe

Kroatisch		*Serbisch*		*Deutsche Bedeutung*
-a	herez**a** kamat**a** baga**ža** ekipa**ža**	–	jeres kamat bagaž ekipaž	*Häresie* *Zins* *Gepäck* *Equipage*
–	poet leksem	**-a**	poet**a** leksem**a**	*Poet* *Lexem*

Kroatisch		*Serbisch*		*Deutsche Bedeutung*
-a-	treb**a**ti	**-ova-**	treb**ova**ti	*brauchen*
-ač	prodav**ač**	**-ac**	prodav**ac**	*Verkäufer*
-av	brblj**av**	**-iv**	brblj**iv**	*geschwätzig*
-an	širokogrud**an** mukotrp**an**	–	širokogrud mukotrp	*weitherzig* *mühselig*
-en	lim**en**	**-an**	lim**an**	*Blech-*
-i	štet**i**ti	**-ova**	štet**ova**ti	*schaden*
-ica	koleg**ica** partner**ica**	**-inica**	koleg**inica** partner**inica**	*Kollegin* *Partnerin*
-ica	drugar**ica** apotekar**ica**	**-ka**	drugar**ka** apotekar**ka**	*Genossin* *Apothekerin*
-ica	student**ica**	**-kinja**	student**kinja**	*Studentin*
-ićki	plem**ićki** mlad**ićki**	**-ićski**	plem**ićski** mlad**ićski**	*Adels-, adelig* *jugendlich*
-ij	imper**ij** laborator**ij**	**-ija**	imper**ija** laborator**ija**	*Imperium* *Laboratorium*
-ij	simpoz**ij** kalc**ij**	**-ium**	simpoz**ium** kalc**ium**	*Symposium* *Calcium*
-ijski	belg**ijski** histor**ijski**	**-iski**	belg**iski** istor**iski**	*belgisch* *historisch*
-ik	kis**ik** vod**ik**	**-onik**	kise**onik** vod**onik**	*Sauerstoff* *Wasserstoff*
-ina	topl**ina** mokr**ina**	**-ota**	topl**ota** mokr**ota**	*Wärme* *Nässe*
-inja	rođak**inja** nećak**inja**	**-a**	rođak**a** nećak**a**	*Verwandte* *Cousine*

Kroatisch		*Serbisch*		*Deutsche Bedeutung*
-irati	grup**irati** kontrol**irati** regul**irati** titul**irati**	**-isati**	grup**isati** kontrol**isati** regul**isati** titul**isati**	*gruppieren* *kontrollieren* *regulieren* *betiteln*
-irati	film**irati** akcentu**irati** apel**irati** apstrah**irati** deklam**irati** emancip**irati** interes**irati** koncentr**irati** skic**irati**	**-ovati**	film**ovati** akcent**ovati** apel**ovati** apstrah**ovati** deklam**ovati** emancip**ovati** interes**ovati** koncentr**ovati** skic**ovati**	*filmen* *betonen* *appellieren* *abstrahieren* *deklamieren* *emanzipieren* *interessieren* *konzentrieren* *skizzieren*
-iti	broj**iti**	**-ati**	broj**ati**	*zählen*
-iv	nepobjed**iv** nepogrješ**iv**	**-an**	nepobed**an** nepogreš**an**	*unbesiegbar* *unfehlbar*
-o	Temistokl**o** tl**o**	**-e**	Temistokl**e** tl**e**	*Themistokles* *Boden*
-omice	djel**omice** vrat**omice**	**-imice**	djel**imice** vrat**imice**	*teilweise* *Hals über Kopf*
-ost	odsutn**ost** prisutn**ost** tvrdoglav**ost**	**-stvo**	otsu**stvo** prisu**stvo** tvrdoglav**stvo**	*Abwesenheit* *Anwesenheit* *Hartnäckigkeit*
-ćati	me**ćati** shva**ćati**	**-tati**	me**tati** shva**tati**	*stellen* *begreifen*
-čić	sandu**čić**	**-če**	sandu**če**	*Kästchen*
-čni	jezi**čni** magi**čni**	**-čki**	jezi**čki** magi**čki**	*sprachlich* *magisch*
-dba	izve**dba**	**-đenje**	izvo**đenje**	*Ausführung*
-džba	jedna**džba**	**-čina**	jedna**čina**	*Gleichung*
-ji	Bož**ji**	**-iji**	Bož**iji**	*göttlich, Gottes-*

Kroatisch		*Serbisch*		*Deutsche Bedeutung*
-ke	leže**ćke** sjede**ćke**	**-ki**	leže**ćki** sjede**ćki**	*im Liegen* *im Sitzen*
-la	akropo**la** nekropo**la**	**-lj**	akropo**lj** nekropo**lj**	*Akropolis* *Nekropolis*
-ni	oper**ni** porez**ni**	**-ski**	oper**ski** pore**ski**	*Opern-* *steuerlich*
-ni	ljet**ni**	**-nji**	let**nji**	*sommerlich*
-nica	kupao**nica** učio**nica** gostio**nica**	**-na**	kupao**na** učio**na** gostio**na**	*Bad* *Klassenzimmer* *Gaststätte*
-nje	putova**nje** zaređe**nje**	**-ije**	putešestv**ije** rukopoložen**ije**	*Reise* *Weihung*
-ska	Rumunj**ska** Španjol**ska**	**-ija**	Rumun**ija** Špan**ija**	*Rumänien* *Spanien*
-ski	sloven**ski**	**-ački**	sloven**ački**	*slowenisch*
-ski	alban**ski**	**-aski**	arban**aski**	*albanisch*
-ski	materin**ski** očin**ski**	**-nji**	materi**nji** oči**nji**	*Mutter-, mütterlich* *Vater-, väterlich*
-sni	autobu**sni** progla**sni**	**-ski**	autobu**ski** progla**ski**	*Autobus-* *Ankündigungs-*
-st	komuni**st** socijali**st**	**-sta**	komuni**sta** socijali**sta**	*Kommunist* *Sozialist*
-t	dijalek**t**	**-at**	dijalek**at**	*Dialekt*
-telj	hrani**telj** sluša**telj**	**-oc**	hrani**oc** sluša**oc**	*Ernährer* *Zuhörer*

Sonstige Suffixe

Kroatisch	*Serbisch*	*Deutsche Bedeutung*
špa**njolski**	špa**nski**	*spanisch*
arap**ski**	arab**ljanski**	*arabisch*
sud**ac**	sud**ija**	*Richter*
upravi**telj**	uprav**nik**	*Verwalter*
sis**avac**	sis**ar**	*Säugetier*
moli**telj**	moli**lac**	*Bittsteller*
moli**teljica**	moli**lja**	*Bittstellerin*
viso**čina**	vis**ija**	*Hochebene*
niz**ina**	niz**ija**	*Ebene*
priče**st**	priče**šće**	*Kommunion*
budil**ica**	budil**nik**	*Wecker*
nebe**ski**	nebe**sni**	*himmlisch, Himmels-*
dijalek**talni**	dijalek**atski**	*dialektal*
adverb**ijalni**	adverap**ski**	*adverbial*

b) Präfixe

Kroatisch		*Serbisch*		*Deutsche Bedeutung*
od(ot)-	**ot**pratiti **ot**rijezniti se	**iz(is)-**	**is**pratiti **is**trijezniti se	*begleiten* *nüchtern werden*
pro-	**pro**gnati **pro**gnanstvo	**iz-**	**iz**gnati **iz**gnanstvo	*vertreiben, verbannen* *Verbannung*
pre-	**pre**hrana	**iz(is)-**	**is**hrana	*Ernährung*
po-	**po**niziti **po**niživati	**u-**	**u**niziti **u**nižavati	*erniedrigen* *erniedrigen*
u-	**u**moran	**za-**	**za**moran	*müde*
po-	**po**laskan	**ob-**	**ob**laskan	*umschmeichelt*
po-	**po**svetiti	**o-**	**o**svetiti	*rächen*
pre-	**pre**vladati **pre**praviti	**preo-**	**preo**vladati **preo**praviti	*überwiegen* *umarbeiten*
iz-	**iz**jednačiti	**u-**	**u**jednačiti	*ausgleichen*

Kroatisch		*Serbisch*		*Deutsche Bedeutung*
od(ot)-	**od**zdraviti	**otpo-**	**otpo**zdraviti	*Gruß erwidern*
o-	**o**slabiti	**raz(s)-**	**ras**labiti	*abschwächen*
su-	**su**vremen	**sa-**	**sa**vremen	*zeitgemäß*

c) Präpositionen

Kroatisch		*Serbisch*		*Deutsche Bedeutung*
s	**s** bratom	**sa**	**sa** bratom	*mit dem Bruder*
k	**k** bratu	**ka**	**ka** bratu	*zum Bruder*

d) Unterschiede im Geschlecht

Kroatisch maskulinum	*Serbisch femininum*	*Deutsche Bedeutung*
porez	poreza	*Steuer (f.)*
držak	drška	*Halter*
popravak	opravka	*Reparatur*
zalog	zaloga	*Pfand*
arhiv	arhiva	*Archiv*
svezak	sveska	*Band, Buchband*
ispravak	ispravka	*Korrektur*
teritorij	teritorija	*Territorium*
imperij	imperija	*Imperium*
naslonjač	naslonjača	*Lehne*
teorem	teorema	*Theorem*
odušak	oduška	*Aufatmen, Atempause*

Kroatisch femininum	*Serbisch maskulinum*	*Deutsche Bedeutung*
pojava	pojav	*Erscheinung*
fronta	front	*Front*
uputa	uput	*Anweisung, Anleitung*
zabrana	zabran	*Verbot*
zvijer	zver	*Raubtier, Bestie*

e) Unterschiede bei der Pluralbildung

Kroatisch	*Serbisch*	*Deutsche Bedeutung*
Sg. grijeh – *Pl.* grijesi zvijer – zvijeri	greh – grehovi zver – zverovi	*Sünde* *Bestie*

4. Wörter, die nur im Kroatischen gebraucht werden

Abeceda	*Alphabet*
bjelokost	*Elfenbein*
blagdan	*Feiertag*
cesta	*Straße*
cjenik	*Preisliste*
crveni luk	*Zwiebel*
ćudoređe	*Sittlichkeit*
dalekozor	*Fernrohr*
dapače	*sogar*
dobar tek	*guten Appetit*
dojam	*Eindruck*
dopust	*Urlaub*
dugočasno	*langweilig*
dvojba	*Dilemma*
glasovir	*Klavier*
glazba	*Musik*
hlače	*Hose*
hvaledostojan	*lobenswürdig*
hvalevrijedan	*lobenswert*
jezikoslovac	*Sprachwissenschaftler*
jezikoslovlje	*Sprachwissenschaft*
katedrala	*Kathedrale*
kazališni	*Theater-*
kazalište	*Theater*
kipar	*Bildhauer*
kiparstvo	*Bildhauerei*
klaonica	*Schlachthaus*
kolodvor	*Bahnhof*
kolovoz (mjesec)	*August*
konobar	*Kellner*
kotar	*Bezirk*
krasopis	*Schönschrift*
kratica	*Abkürzung*
križ	*Kreuz*
križanje	*Kreuzung*
lihvar	*Wucherer*
lipanj	*Juni*
listopad	*Oktober*
malodobni	*minderjährig*
nakon (toga)	*nachdem*
neboder	*Hochhaus*
nekoć	*einmal*
nekretnine	*Immobilien*
nijekati	*verneinen*
obrt	*Handwerk*
obrtnik	*Handwerker*
ocoubojica	*Vatermörder*
odvjetnik	*Rechtsanwalt*
odrezak	*Schnitzel*
okolica	*Umgebung*
oponašati	*nachahmen*
ožujak	*März*
pila	*Säge*
pilana	*Sägewerk*
piliti	*sägen*
plesač	*Tänzer*
plesati	*tanzen*
plin	*Gas*
plinski	*Gas-*
ploča	*Tafel*
poduzetnik	*Unternehmer*
postolar	*Schuster*
pouzeće	*Nachnahme*
prehlada	*Erkältung*
promatrač	*Zuschauer*
propuh	*Durchzug*
prosinac	*Dezember*
prosvjed	*Protest*
prozračiti	*lüften*
rabljeni	*Gebrauchs-*
razred	*Klasse*
redar	*Ordner*
ribič	*Fischer*
risač	*Zeichner*
risati	*zeichnen*
riža	*Reis*
rujan	*September*

strop	*Decke*
studeni	*November*
sustav	*System*
sveučilište	*Universität*
svrsishodan	*zweckmäßig*
šalica	*Tasse*
škare	*Schere*
tajnik	*Sekretär*
tečaj	*Kurs*
temeljito	*gründlich*
tiho	*leise*
tiskanica	*Drucksache*
tiskara	*Druckerei*
tisuća	*tausend*
tjedan	*Woche*
tlak	*Druck*
tračnica	*Schiene*
travanj	*April*
trokut	*Dreieck*
tuča	*Hagel*
tuđica	*Fremdwort*
tvrtka	*Firma*
urar	*Uhrmacher*
ures	*Schmuck, Zierde*
uresiti	*schmücken, verzieren*
urota	*Verschwörung*
uvjet	*Bedingung*
uzašašće	*Himmelfahrt*
veljača	*Februar*
vlak	*Zug*
vlastoručno	*eigenhändig*
zaručiti se	*sich verloben*
zaručnica	*Verlobte*
zaručnik	*Verlobter*
znanost	*Wissenschaft*
znanstveni	*wissenschaftlich*
znatiželjan	*neugierig*
zrcalo	*Spiegel*
žlica	*Löffel*

Wortschatzregister

Die Zahlen verweisen auf die Lektion, in der das Wort in einer bestimmten Bedeutung zum ersten Mal vorkommt.

a 1
ah 5
ako 4
ali 5
angažirati 19
antikvarijat 22
atmosfera 19
atonalan, -lna, -lno 14
Austrija 16
auto *m.* 4
autobus 4

baciti *vo.* 20
baka 13
banka, *D. L.* banci 5
bar, *Pl.* barovi 5
barem 18
baš 13, 22
baviti se + *I.* 19
benzin 10
bez + *G.* 13
biblioteka, *D. L.* -teci 5
bijelo vino 3
bijesan, -sna, -sno 24
bilježnica 1
bistar, -tra, -tro 8
bivati 16
bježati, *Präs.* bježim 13
blizina 18
boca 11
bogat, -a, -o 19
boja 19
bojati se + *G., Präs.* bojim 8
bolest f. 20
bolestan, -sna, -sno 5
bolje 11
boljeti *unpers., Präs.* boli 21
bosiljak, *G.* -ljka 22
brat, *Pl.* braća 1
bratov, -a, -o 14
brod, *Pl.* brodovi 8
brodar 8
brodić 8
brodovlasnik, *Pl.* -nici 11
broj, *Pl.* brojevi 15, 18
brz, -a, -o 16
brzina 19
bubanj, *G.* -bnja, *Pl.* -bnjevi 14
budi! 13
buditi 21
budući da 18

centar, *G.* -tra 4
cesta 14
cigareta 18
cijenjeni, -na, -no 17
cilj, *Pl.* -evi 8
cipela 13
crn, -a, -o 24
crno vino 3
crven, -a, -o 19

čaj, *Pl.* čajevi 3
čak 3
čamac, *G.* -mca 7
čarapa 13
čaroban, -bna, -bno 19
čas 24
časopis 22
čaša 6
čekati 2
čempres 24
čestitati 3
četvero 19
čim 18
činiti se, *unpers.* 21
čist, -a, -o 8
čistina 11
čitalac, *G.* čitaoca 23
čitatelj 23
čitati 6
čitav, -a, -o 21
članak, *G.* -nka, *P. L.* -nci 24
čovjek, *Pl.* ljudi 20
čuditi se + *D.* 23
čudo 19
čuj! 15
čuti vo, *Präs.* čujem 12, 15, 22
ćutljiv, -a, -o 23

da 1, 11, 15
daj! 14
dakle 19
dakako 11
daleko 4
daljnji, -nja, -nje 17
danas 2
danas popodne 4
danju 8
Danska 16
dati *vo.* 14, 17
davati, *Präs.* dajem 13
desno 2
dio, *G.* dijela, *Pl.* dijelovi 18
dijete, *G.* -teta, *Pl.* djeca 18
diskoteka, *D. L.* -ci 19
diskusija 24
divan, -vna, -vno 18
diviti se + *D.* 8
divno 8
djed, *Pl.* djedovi 13
djelo 22
djevojka 8
dno, *G.* dna 23
do + *G.* 8
dobar, -bra, -bro 4
dobar tek 6
dobiti *vo., Präs.* dobijem 15
dobra večer 6
dobro jutro 9
docent 18
dočekati *vo.* 18

doći *vo., Präs.* dođem, *Part.* došao, -šla 5, 7
dodijeliti *vo.* 17
doduše 14, 15
dogoditi se *vo., unpers.* 12, 15
dok 18
dolazak, *G.* dolaska, *Pl.* dolasci 13
dolaziti 9
domaćica 1
donekle 14
donijeti *vo., Präs.* donesem 11
donositi 6
dosada 22
dosadan, -dna, -dno 9
dosta 8
dosta dobro 8
dotjerati se *vo.* 19
do viđenja! 5
dovoljan, -ljna, -ljno 11
doživljaj 16
drag, -a, -o 16
draga, *D. L.* drazi 23
drugi, -ga, -go 6
društvo 4
dubina 20
dubok, -a, -o 20
dugo 12
duvati 23
duž + *G.* 21
duže 12
dva 6
dvadeset 2
dvoje 19

đak. *Pl.* đaci 1

egzistencija 20
ekskurzija 16
Engleska 16
etiketa 11
eto 10
europski, -ka, -ko 22
evo 5

filozofski fakultet 10
forma 2
formalnost *f.* 18
format 17
Francuska 16
francuski, -ka, -ko 9
francuski jezik 9

gasiti se 19
gdje 1
gibljiv, -a, -o 13
gitara 20
gladak, -tka, -tko, *Komp.* glađi 23
gladan, -dna, -dno 6
glas, *Pl.* glasovi 6, 21
glasan, -sna, -sno 11
glazba 14
gledati 4
glavni kolodvor 16
godina 2
golem, -a, -o 24
gore 16
gospođica 13
gost 6
gostionica 21
gotovo 15, 22
govoriti 9
grad, *Pl.* gradovi 4
gramatika, *D. L.* gramatici 5
gramofon 3
gramofonska ploča 14
granica 20
granje 11
grmljavina 24
grnuti, *Präs.* grnem 24
grob, *Pl.* grobovi 24
grom, *Pl.* gromovi 24
grozan, -zna, -zno 23
grupica 16
gubiti se 24

hip 24
hir, *Pl.* hiri u. hirovi 23
hlače, *Pl. tant.* 19
hladan, -dna, -dno 20
hladovina 11
hobi, *G.*-bija 19
hodnik, *Pl.* hodnici 13, 19
horizont 24
hotel 18
hrvatski, -ka, -ko 16
htjeti, *Präs.* hoću, *Perf.* htio, htjela 4
humor 12
hvala 5

ići, *Präs.* idem, *Perf.* išao, išla 3
ideja 4
idući, -ća, -će 18
igra 12
igrati 15
igrati se 24
ili 3
imati 2
ime, *G.* imena 22
inače 18
inozemstvo 16
intenzivan, -vna, -vno 16
interesantan, -tna, -tno 16
ipak 14
iskren, -a, -o 16
ispasti *vo., Präs.* ispadnem 12
ispit 10
isplatiti se *vo.* 15
ispod + *G.* 11
ispeći *vo., Präs.* ispečem, *Perf.* ispekao, -kla 11
ispred + *G.* 20
ispričati se *vo.* 13
ispuniti *vo.* 20
istarski, -ka, -ko 22
isti, -ta, -to 15
isto tako 23
istočni, -na, -no 18
Istra 23
iščezavati 20
i tako 16
Italija 16
iz + *G.* 1
izabran, -a, -o 22
izaći *vo., Präs.* izađem, *Perf.* izašao, -šla 17
izbor 11
izdanje 17

izgledati 16
izgovarati 23
izgovor 16
izgubljen, -a, -o 19
izlaz 18
izlazak, *G.*-ska, *Pl.* -sci 8
izlet 8
izletnik, *Pl.* -nici 8
između + *G.* 16
iznenada 14
iznenaditi *vo.* 15
iznenađen, -a, -o 18
iznenađenje 15
izvadak, *G.* -tka, *Pl.* izvaci 22
izvan + *G.* 20
izvolite! 5

jadan, -dna, -dno 10
jadikovati, *Präs.* -kujem 18
jadranski, -ka, -ko 21
Jadransko more 17
jagoda 6
jak, -a, -o 14
jako 5
janje, *G.* janjeta, *Pl.* janjci 11
janjetina 11
jasan, -sna, -sno 15
javiti se *vo.* 16
jedan, -dna, -dno 6
jedanaest 3
jedan drugoga 21
jedanput 5
jednak, -a, -o 14
jednoličnost *f.*, *I.* -čnošću 24
jedva 18
jelo 6
jelovnik, *Pl.* -nici 6
jer 4
jesen f 9
jesti, *Präs.* jedem, *Perf.* jeo, jela 6
jezik, *Pl.* jezici 5
joj! 21
još 4
još nešto 13
jugozapadni, -na, -no 18
jutro 16
južni, -na, -no 21

kad 8, 15
kakav, -kva, -kvo 9
kako 9
kamen 17
kamenit, -a, -o 21
kamo 4
kantina 9
kao 16
kao da 9
kao što 15
kartoteka *D. L.* -ci 17
kasnije 21
kasno 13
kat, *Pl.* katovi 18
katalog, *Pl.* -lozi 17
kava 5
kavana 5
kazalište 12
kazati, *Präs.* kažem 6
kćerka, *D. L.* -ci 6
kilometar, *G.* -tra 11
kino 7
kiosk, *Pl.* kiosci 18
kiša 14
klasičan, -čna, -čno 14
ključ, *Pl.* ključevi 18
klupa 18
knjiga, *D. L.* knjizi 1
knjižara 4
književnost *f.*, *I.* -vnošću 9
kod + *G.* 2
kod kuće 2
koji, -ja, -je 8
kolega 8
kolegica 5
količina 17
koliko 2
kolovoz 16
komad 12
komadić 11
kombinacija 15
komedija 12
komercijalni, -na, -no 17
koncentracija 14
konobar 6
konverzacija 16
kopno 23
korak, *Pl.* koraci 21
kosa 19
kost *f.* 24
kovčeg, *Pl.* -čezi 16
kraj, *Pl.* krajevi 16, 22
krasan, -sna, -sno 8
krasti, *Präs.* kradem 6
kratak, -tka, -tko 11
kratko 10
kravata 13
krenuti *vo.*, *Präs.* krenem 8
kretati se 20
krevet 19
kriminalni roman 13
kriv, -a, -o 13
krivnja 12
križati se 24
kroz + *A.* 21
krš, *Pl.* krševi 23
kršiti se 24
kruh 11
kruškovac, *G.* -vca 3
kuća 2
kući 3
kulturni, -na, -no 18
kupalište 10
kupanje 20
kupati se 18
kupiti (si) *vo.* 4
kupovati, *Präs.* -pujem 5
kvariti se 18

lađica 24
lagan, -a, -o 20
lagano 8, 19
lakomisleno 15
lampa 1
leći *vo.*, *Präs.* legnem, *Perf.* legao, -gla 11, 21
lektor 1
ležati, *Präs.* ležim 7
lift, *Pl.* -tovi 18
lijep, -a, -o 7
lijevati 24
lijevo 2
liker 3
listati po + *L.* 22
lomiti 24
lopov 6
lopta 4
loš, -a, -e 14
loto 15

lov 8
ložiti 11
luka, *D. L.* luci 8

ljeti 10
ljetni, -na, -no 10, 18
ljetni praznici 10
ljubazan, -zna, -zno 13
ljubitelj 14
ljudi *Pl.* 10, 15
ljutiti se 14

magistrala 21
majka, *D. L.* -ci 1
makar 23
mali, -la, -lo 7
malko 24
malo 11
mama 6
manji, -nja, -nje 13
marljiv, -a, -o 9
matura 10
maturalno putovanje 10
među + *A., I.* 15
međutim 23
menza 10
meso 6
metar, *G.* -tra 10
mijenjati se 17
milijuner 15
milijunski, -ka, -ko 15
mir 13
miran, -rna, -rno 8
miris 20
mirisav, -a, -o 20
mirovati, *Präs.* mirujem 23
misao *f., G.* misli 9
misliti 3
mišljenje 10
mjesec dana 18
mjesečno 22
mjestance 8
mjestimičan, -čna, -čno 21
mjesto 8
mjesto sastanka 8
mnogo 2
moći, *Präs.* mogu, *Perf.* mogao, -gla 5
moderan, -rna, -rno 14
mogućnost *f., I.* -ćnošću 15
moj, moja; moji 1
molim! 11
moliti 11
moral 20
morati 4
more 8
morska dubina 20
morski, -ka, -ko 18
morski pas 8
motorni čamac, *G.* čamca 15
možda 15
mračan, -čna, -čno 24
mrak 24
mreža 20
mrk, -a, -o 24
mučiti se 11
mukao, -kla, -klo 24
munja 24
muškarac, *G.* -rca 23
muzika, *D. L.* -ci 11

na + *A., L.* 7
nabaviti *vo.* 4
nabreknut, -a, -o 24
naći (se) *vo., Präs.* nađem, *Perf.* našao, -šla 5, 16
način 15
nadati se 15
nadmetati se 24
nadoknaditi *vo.* 12, 19
naglo 24
naime 5
najgornji, -nja, -nje 18
najlakše 16
najpospaniji, -ja, -je 21
najprije 22
najviše 14
najvjerojatnije 15
nakladni zavod 17
nakon + *G.* 11
nakon što 19
nalaziti se 4
naložiti 11
namjera 14
namjeravati 16
napet, -a, -o 18
napisan, -a, -o 23
naporan, -rna, -rno 16
napraviti *vo.* 15
naprijed 21
napustiti *vo.* 11
napuštati 18
naravno 8
narod 18
narodnost *f.* 16
naručen, -a, -o 17
naručivati, *Präs.* -čujem 6
narudžba 17
naselje 8
nasječen, -a, -o 22
naslov 17
nastanjen, -a, -o 8
nastavljati 7
nastojati, *Präs.* -jim 9
nasuprot + *G., D.* 18
naš, -a, -e 1
natiskan, -a, -o 23
na to 19
natrag 21
naturalist 22
naučiti *vo.* 13
na vrijeme 10
nazivati, *Präs.* nazivljem 23
nazvati *vo., Präs.* -zovem 14
nažalost 18
ne 2
nebo 23
nedaleko 24
nedjelja 16
nedjeljom 16
negdje 19, 22
nego 11
nego što 21
nekako 19
neki, -ka, -ko 12
nekoliko 7
neman 24
nemiran, -rna, -rno 8
nemoguć, -a, -e 18
nepoznat, -a, -o 19
neočekivano 12
neprestano 19
neskladan, -dna, -dno 14
nesmetano 14
nespretan, -tna, -tno 16
nesretan, -tna, -tno 15
nestalan, -lna, -lno 23
nestati *vo., Präs.* nestanem 20

netko 15
netko, *G.* nekoga 18
nevjeran, -rna, -rno 23
nezgoda 12
ni 12, 16
nigdje 24
nijedan, -dna, -dno 15
nikad 23
nikad (a) 15
nikako 18
ništa 6
nitko, *G.* nikoga 18
niži, -ža, -že 18
no 12, 23
noć, *f.*, *G.* noći 18
noću 8
noga, *D. L.* nozi 21
normalan, -lna, -lno 11
nov, -a, -o 9
novac, *G.* -vca 6, 15
novčanik, *Pl.* -nici 4
novine, *Pl. tant.* 13, 15
nula 15

njegov, -a, -o 2
Njemačka 1
njemački, -ka, -ko 9
njemački jezik 9
njezin, -a, -o 6
njihov, -a, -o 6

o + *L.* 8
o! 10
oba 6
obala 8
obavijestiti *vo.* 17
obaviti *vo.* 18
običaj 18
običan, -čna, -čno 17
obično 3
obitelj 6
oblak, *Pl.* -laci 24
obližnji, -nja, -nje 16
obogatiti se *vo.* 15
obojica 19
obrađen, -a, -o 22
ocean 23
očekivanje 17
očekivati, *Präs.* očekujem 8
očistiti *vo.* 19
od + *G.* 8
odgovarati 6
odjek, *Pl.* odjeci 20
odjeknuti *vo., Präs.* odjeknem 20
odjel 17
odlaziti 5
odličan, -čna, -čno 7
odlučiti *vo.* 11
odlučiti se *vo.* 11, 19
odmah 4
odmarati se 18
odmoriti se *vo.* 10, 18
odrezak, *G.* -ska, *Pl.* -sci 6
odsijevati 23
odsječen, -a, -o 24
odvratiti (od) *vo.* 14
ogladnjeti *vo., Präs.* ogladnim 11
ogledalo 21
ognjen, -a, -o 24
oko *Präp.* + *G.* 11
oko *Adv.* 21
olovka, *D. L.* -vci 1
oluja 24
on, ona, ono 1
onaj, ona, ono 6
onda 13
opasno 11
opaziti *vo.* 18
općenito 22
opet 13
opis 22
opisan, -a, -o 22
opisati 23
opiti *vo., Präs.* opijem 20
oprati *vo., Präs.* operem 19
oprezan, -zna, -zno 11
oprostite! 5
oprostiti *vo.* 13
opširan, -rna, -rno 16
opširnije 16
ormar 13
osam 6
osamnaest 2
osamljen, -a, -o 16
osim + *G.* 16
osim toga 9
osjećati se 21
osjetiti *vo.* 18
osjetljiv, -a, -o 13
oskudan, -dna, -dno 16
osoba 8
osobina 19
osobito 8
osoljen, -a, -o 11
ostajati, *Präs.* ostajem 7
ostali, -la, -lo 11
ostati *vo., Präs.* ostanem 7
ostaviti *vo.* 13
ostvariti *vo.* 18
osvetiti se *vo.* 19
osvjedočiti se *vo.* 23
osvježavajući, -ća, -će 18
osvježiti se *vo.* 18
oštećen, -a, -o 17
otac, *G.* oca, *Pl.* očevi 1
otići *vo., Präs.* otiđem, *Perf.* otišao, -šla 12, 16
otkako 16
otočić 7
otok, *Pl.* otoci 7
o tom 15
otpratiti *vo.* 19
otprilike 21
otrčati *vo., Präs.* otrčim 18
otvoren, -a, -o 8
ovaj, ova, ovo 1
ovakav, -kva, -kvo 11
ovako 13
ovdje 13
oveći, -ća, -će 20
ožednjeti *vo., Präs.* ožednim 11
oživljavati, *Präs.* oživljujem 24

pa 8, 14, 20
padati 14
padati (kiša) *unpers.* (kiša pada) 14
paklenski, -ka, -ko 24
paliti se 19
paluba 20
paragraf 23
park, *Pl.* -kovi 5
pas, *G.* psa 8

pečena janjetina 11
pečenje 6
petak, *G.* -tka 5
peti, -ta, -to 9
piće 7
pijan, -a, -o 3
pijesak, *G.* -ska 7
piknik, *Pl.* -nici 7
pisac, *G.* -sca 22
pisati, *Präs.* pišem 22
pismo 6
pitanje 24
pitati 3
piti, *Präs.* pijem 3
pitom, -a, -o 23
pivo 5
pjena 24
pjeniti se 23
pjenušav, -a, -o 18
pješice 4
pjesma 14
plakati, *Präs.* plačem 6
planina 21
plav, -a, -o 8
plavetan, -tna, -tno 23
plaža 7
ples, *Pl.* plesovi 20
plesač 19
plesačica 19
plesati, *Präs.* plešem 3
plivati 18
ploča 21
pljusak, *G.* -ska, *Pl.* -sci 14, 24
po *Präp.* + *L.* 1
po *Adv.* 17
pobacati *vo.* 20
pobjeći *vo., Präs.* pobjegnem, *Perf.* pobjegao 18
poći, *Präs.* pođem, *Perf.* pošao, -šla 7
počelo 23
počešljati se *vo.* 19
početak, *G.* -tka, *Pl.* počeci 16
početi *vo., Präs.* počnem 11, 14
pod + *A., I.* 11
podijeliti se *vo.* 16
podijeljen, -a, -o 16
poduzeti *vo., Präs.* poduzmem 7
pogled 10
pogledati *vo.* 5
pogodak, *G.* -tka 15
pogoditi *vo.* 17
pohađati 9
pojedini, -na, -no 24
pojmiti 23
pokazati *vo., Präs.* pokažem 16
pokazati se 19
poklon 2
pokušati *vo.* 12
pokušavati 8
pokvaren, -a, -o 3, 22
pokvariti se *vo.* 11
pola 21
polazak, *G.* -ska, *Pl.* -sci 13, 18
polaziti 6
polica 14
politika, *D. L.* -ci 19
polovica 22
položiti *vo.* 10
poludjeti *vo., Präs.* poludim, *Perf.* poludio, -djela 15
poluotok, *Pl.* -otoci 21
polusan, *G.* polusna 20
pomagati, *Präs.* pomažem 10
pomaknuti se *vo., Präs.* pomaknem 10
pomiriti se (s) *vo.* 13
pomisliti *vo.* 12
pomoć *f.* 20
pomoći *vo., Präs.* pomognem 5, 20
ponašati se 13
ponijeti *vo., Präs.* ponesem, *Perf.* ponio, ponijela 16
popodne 4
po prilici 22
poprilično 15
popust 17
poseban, -bna, -bno 23
posjećivanje 18
posjećivati 9
posjedati *vo.* 11
posjet 13
posjetiti *vo.* 13
poslati *vo., Präs.* pošaljem 17
poslije + *G.* 5
poslije podne 5
poslijepodne, *G.* -dneva 16
posljednji, -nja, -nje 20
poslovno pismo 17
poslužiti se *vo.* 5
postajati, *Präs.* postajem 15
postati *vo., Präs.* postanem 15
postaviti *vo.* 11
postići *vo., Präs.* postignem, *Perf.* postigao 18
posuditi *vo.* 14
posvetiti *vo.* 18
pošiljka, *D. L.* -ljci 17
poštovani, -na, -no 17
poštovati, *Präs.* poštujem 14
pothvat 18
potišten, -a, -o 12
potkrijepiti *vo.* 23
potkrovlje 18
potom 16
potpuno 20
potpunost *f.* 18
potrčati *vo., Präs.* potrčim 18
potreban, -bna, -bno 12
potvrđivati, *Präs.* potvrđujem 17
povesti, *Präs.* povedem, *Perf.* poveo, -ela 7
povijest *f.* 9
povik, *Pl.* -vici 11
povjerenje 17
povratak 11
površina 23
povući se *vo., Präs.* povučem, *Perf.* povukao, -kla 14
pozdravljati 5
pozdraviti *vo.* 20
pozitivan, -vna, -vno 19
poziv 9
poznanik, *Pl.* -nici 15
poznat, -a, -o 11
poznavati 20
pozvati *vo., Präs.* pozovem 7
požuriti se *vo.* 18
prasak, *G.* -ska 23
prašina 19

pravac, *G.* -vca 23
pravo 20
pravodoban, -bna, -bno 17
prazan, -zna, -zno 8
praznici *Pl.* 10
praznina 20
prebacivati se, *Präs.* prebacujem 24
pred + *A., I.* 11
preda se 24
predavanje 9
pred kraj 22
predstava 12
predstaviti *vo.* 19
predviđen, -a, -o 16
predvorje 18
preko + *G.* 22
prekasno 18
prekinut, -a, -o 24
prekinuti *vo., Präs.* prekinem 18
prekjučer 16
preksutra 16
prelaziti 20
prema + *L.* 11, 17
premalo 15
prestati *vo., Präs.* prestanem 20
prestravljen, -a, -o 24
pretežno 22
pretplatiti *vo.* 17
prevara 18
prevariti *vo.* 18
previše 10
prevelik, -a, -o 11
pri + *L.* 8
približavati se 8
približiti se *vo.* 10
pribor 11, 20
pričati 13
pričekati *vo.* 18
prijatelj 1
prijateljica 1
prijateljski 17
prijazan, -zna, -zno 19
prije *Adv.*, prije + *G.* 13
prijeći *vo., Präs.* prijeđem, *Perf.* prešao, -šla 16
prijedlog, *Pl.* -lozi 7
priključiti se *vo.* 19
prilagati, *Präs.* prilažem 17
prilaziti 9
prilično 8
prilika, *D. L.* -lici 12
primati 2
primicati se, *Präs.* primičem 24
primijetiti *vo.* 18
primitak, *G.* -tka 17
primiti *vo.* 17
primjerak, *G.* -rka 17
primorje 22
primorski, -ka, -ko 22
princip 24
pripovijest *f., I.* -ješću 22
pripraviti *vo.* 7
priprema 11
pripremanje 11
prispodobiti *vo.* 23
pristojan, -jna, -jno 13
pri tome 7
privremeno 1
prizemlje 18
priznati *vo.* 10, 16
prljav, -a, -o 10
problem 10
problematika, *D. L.* problematici 22
probuditi se *vo.* 21
proći *vo., Präs.* prođem, *Perf.* prošao, -šla 16
pročitati, *vo.* 22
prodavačica 5
prodavati, *Präs.* prodajem 8
profesor 1
program 12
prolaziti 19
prolomiti se *vo.* 24
promašaj 18
promatrati 8
promet 21
prometna nezgoda 12
promijeniti *vo.* 10
promijeniti se *vo.* 12
pronaći, *Präs.* pronađem, *Perf.* pronašao, -šla 8
propust 18
prosijecati 24
proslava 3
protekli, -la, -lo 21
provesti *vo., Präs.* provedem 18
prozor 6
proziran, -rna, -rno 23
prtljaga *D. L.* -ljazi 16
prvi, -va, -vo 9
priviknuti se (na) *vo., Präs.* priviknem, *Perf.* privikao, -kla 16
pučina 8
pun, -a, -o 14
puniti 20
pust, -a, -o 21
pustiti *vo.* 13
pušiti 18
put (a) 13, 20, 21
putić 11
putnik, *Pl.* -tnici 8
putovanje 10

račun 17
rad 16
radi + *G.* 20
radije 5
radilo se o 17
radio, *G.* -dija 3
raditi 5
raditi se o 17
radnik, *Pl.* -nici 1
rado 8
radostan, -sna, -sno 11
radovati se + *D., Präs.* radujem 21
rano 8
raskalašen, -a, -o 22
raskošan, -šna, -šno 15
raspitati se *vo.* 19
raspoložen, -a, -o 11
raspoloženje 20
raspored sati 9
raspričati se *vo.* 18
rasprodan, -a, -o 22
raspršiti *vo.* 24
rastanak, *G.* -ka, *Pl.* -nci 19
rasti, *Präs.* rastem 23
rastresati se 14
rastresti se *vo.* 14
rastrešen, -a, -o 14
rastrgan, -a, -o 24

rastumačiti *vo.* 23
razan, -zna, -zno 15
razbacati *vo.* 19
razgaljivati, *Präs.* razgaljujem 24
razgledavati 16
razgovor 4
razgovarati se (o) 7
razjasniti *vo.* 16
različit, -a, -o 17
razlijegati se, *Präs.* razliježem 24
razlog, *Pl.* -lozi 12
razmišljati 7
razmješten, -a, -o 18
raznositi 23
razočaran, -a, -o 18
razumjeti, *Präs.* razumijem 9
razumjeti se (u nešto) 14
razumijevati se 16
razumljiv, -a, -o 19
razveseliti se *vo.* 20
ražanj, *G.* -žnja, *Pl.* ražnjevi 11
realist 22
recepcija 18
reći *vo., Präs.* rečem u. reknem, *Perf.* rekao, -kla 13, 23
redovno 9
restoran 6
rezervirati 18
rezultat 14
riba 6
ribar 8
ribarenje 19
ribarski pribor 20
ribarsko naselje 8
ribica 20
ribolov 19
riječ 13, 23
riječki, -čka, -čko 8
rika *D. L.* rici 24
ritam, *G.* ritma, *Pl.* ritmovi 14
riža 6
rječnik, *Pl.* -nici 1
rješavati 4
roba 17
roditelji 1
roditi se *vo.* 16
rođak, *Pl.* -đaci 7
rođakinja 7
rodbina 8
rođen, -a, -o 16
rođendan 2
roman 6
romantičan, -čna, -čno 16
ručna torbica 16
rugati se 13
ručak 10
rujan, *G.* -jna 16
ruka, *D. L.* ruci 11

s (sa) *I.* 6, 13
sada 8
salata 6
sam, -a, -o 14
sami 5
samo 4
sastanak, *G.* -nka, *Pl.* -nci 8, 18
sastati se *vo., Präs.* sastanem 12, 16
sastaviti *vo.* 9
sastojati se iz + *G.* 23
sat 3
sav, sva, sve, *Pl.* svi, sve, sva 15
Sava 16
saznati *vo.* 18
seminar 9
sezona 18
shvaćati 23
sići *vo., Präs.* siđem, *Perf.* sišao, -šla 16
silovit, -a, -o 23
simfonija 14
sin, *Pl.* sinovi 6
sinoć 12
sitan, -tna, -tno 23
siv, -a, -o 23
sjećati se 9, 16
sjedati 3
sjediti 10
sjeknuti *vo., Präs.* sjeknem 24
sjesti *vo., Präs.* sjednem, *Perf.* sjeo, sjela 6, 18
sjetiti se *vo.* 18
sjever 24
sjeverozapadni, -na, -no 18
skoro 10
skup, -a, -o 17
slab, -a, -o 14
slabo 10
sladoled 6
slagati se (s), *Präs.* slažem se 7
slan, -a, -o 23
slaviti 15
slijedeći, -a, -o 16
slika, *D. L.* -ci 21
sloboda 16
slobodan, -dna, -dno 6, 9
slučajno 22
slučajnost *f., I.* -nošću 15
sluh 14
slušanje 18
slušati 9, 15
smetati + *D.* 13
smijeh 12
smiješan, -šna, -šno 12
smiriti se *vo.* 13
smirivati, *Präs.* smirujem 14
smjestiti se *vo.* 16
smjeti, *Präs.* smijem, *Perf.* smio, smjela 15
smrt *f.* 20
snaći se *vo., Präs.* snađem, *Perf.* snašao, -šla 19
soba 13
sok, *Pl.* sokovi 6
sotona 24
spadati među + *A.* 22
spavanje 19
spavati 18, 21
specijalitet 11
spomenik, *Pl.* -nici 18
sporazumijevanje 16
sporazumijevati se 16
sportska kola *Pl.* 15
sportska prognoza 15
spreman, -mna, -mno 6
spremanje 21
spremati 10
spremati se 13
srčani udar 15
sreća 15

sredina 16
srednjovjekovni, -na, -no 9
sresti (se) 15
sretan, -tna, -tno 4
sretnik, *Pl.* -nici 15
srpanj, *G.* srpnja 16
stablo 11
stajalište 16
stajati, *Präs.* stojim 13
stalno 8
stan, *Pl.* stanovi 14
stanje 17
stanovati, *Präs.* stanujem 15
star, -a, -o 16
stari grad 16
staviti *vo.* 11
stavljati 14
stepenica 18
stepenice 18
stići *vo., Präs.* stignem, *Perf.* stigao, -gla 16
stignuti *vo., Präs.* stignem 18
stišati se *vo.* 14
stol, *Pl.* stolovi 1
stolica 11
stoljeće 22
stotinjak 16
strana 5
strašan, -šna, -šno 24
strpljenje 16
struja 23
struka, *D. L.* struci 14
student 1
studentica 1
studentski, -ka, -ko 9
studentski centar 12
studentski dom 16
studij 10
studirati 9
stvar *f.* 4
stvarno 15
subota 8
subotom 6
sudionik, *Pl.* -nici 16
suh, -a, -o 11
sunce 8
sunčan, -a, -o 10
suradnja 17
sustizati se, *Präs.* sustižem, *Perf.* sustigao, -gla 24

sutra 4
suvišan, -šna, -šno 19
suvremen, -a, -o 9
svakako 9
svaki, -ka, -ko 9
svaki dan 10
svakog tjedna 15
sve 12
sveučilište 9
svi 13
sviđati se 14
svijet, *Pl.* svjetovi 23
svinjsko pečenje 6
svirati 3
svjetiljka, *D. L.* -ljci 20
svjetlo 19
svjetlost *f.* 24
svjetložut, -a, -o 19
svjež, -a, -e 7
svoj, svoja, svoje 2
svojstvo 23
svota 15

šala 12
šaliti se 13
šef 17
šest 6
šetnja 14
širok, -a, -o 24
škola 4
školjka, *D. L.* školjci 23
školske stvari 17
Španjolska 16
šteta 5
što 1
šum, *Pl.* šumovi 24
šuma 5
šumiti 23
šumica 11
Švedska 16
švedski 16

ta 14
tad 23
taj, ta, to 1
tajanstven, -a, -o 8
tako 12
tako da 21

također 1
taksi, *G.* taksija, *Pl.* taksiji 12
takozvani, -na, -no 21
talijanski 9
taman, -mna, -mno 20
tamnoplav, -a, -o 19
tamo 1
tanjur 11
tata 13
tečaj, *Pl.* tečajevi 16
teći, *Präs.* tečem, *3. Pers. Pl.* teku, *Perf.* tekao, -kla 23
tehnički, -ka, -ko 12
tek 2
tekst, *Pl.* tekstovi 14
tek što 19
teleći odrezak 6
telefonski broj 15
televizija 18
tema 9
tematika, *D. L.* tematici 22
tempo 20
težak, -ška, -ško 14, 16
tih, -a, -o 19
tijekom 18
tisak, *G.* tiska 17
tiskan, -a, -o 22
t.j. = to jest 16
tjedan, *G.* -dna 10
tko 1
točniji, -a, -e 12
točno 6
tolik, -a, -o 15
toliko 15
topao, -pla, -plo 18
tragedija 12
tragičan, -čna, -čno 12
trajati, *Präs.* traje, unpers. 21
tramvaj 12
trava 11
tražiti 12
trčati, *Präs.* trčim 18
trebati 8, 18
treći, -ća, -će 9
trenutak, *G.* -tka, *Pl.* -tci 12
trenutno 5
treskati 24
tresnuti *vo., Präs.* tresnem 24
trg, *Pl.* trgovi 12
trideset 2

trijezan, -zna, -zno 21
troje 19
tresak, *G.* -ska 24
tu 1
turist 18
tvoj, tvoja, tvoje 1
tvrd, -a, -o 24
tvrdnja 23

u + *A.*, *L.* 4
ubrzo 10
ući *vo.*, *Präs.* uđem, *Perf.* ušao, -šla 18
učiniti *vo.* 15
učitelj 13
učiti 10
udaljen, -na, -no 8
udaljiti se *vo.* 13
udaljivati se, *Präs.* udaljujem 8
udarac, *G.* udarca 18
udaranje 14
udariti *vo.* 17
udisati, *Präs.* udišem 8
udoban, -bna, -bno 11, 19
uglađen,-a,-o 14
ugledati *vo.* 20
ugodan, -dna, -dno 19
ugovoriti *vo.* 11
ukoliko 20
ukrasti *vo.*, *Präs.* ukradem 18
ul. (= ulica) 17
ulazak, *G.* -ska 20
ulaziti 5
ulica 6
uličica 21
umjesto + *G.* 11
umjetnost, *f.*, *I.* -nošću 16
umiti se *vo.*, *Präs.* umijem 21
umoran, -rna, -rno 3
umoriti se *vo.* 21
uopće 13
uostalom 12
upaljen, -a, -o 20
upisati se *vo.*, *Präs.* upišem 16
upisivati, *Präs.* upisujem 9
upoznati se *vo.* 16, 19
upoznavanje 18
upravo 8
uputiti se *vo.* 11, 18
u redu 5
uskopan, -a, -o 24
uspjeh, *Pl.* uspjesi 20
uspjeti *vo.*, *Präs.* uspijem, *Perf.* uspio, uspjela 18
usprkos + *D.*, *G.* 17
usprskivati se, *Präs.* usprskujem 24
usrećiti se *vo.* 15
ustati *vo.*, *Präs.* ustanem 21
ustrajan, -jna, -jno 21
uvečer 16
uvidjeti *vo.*, *Präs.* uvidim, *Perf.* uvidio, -djela 13
uvijek 9
uvjeravati 21
uvjet 15
uvrijediti *vo.* 13
uz + *A.* 23
uzak, uska, usko 11
uzburkan, -a, -o 8
uzdizati se, *Präs.* uzdižem 21
uzeti *vo.*, *Präs.* uzmem 4, 7, 16
uzletište 16
uznemiren, -a, -o 8
uznemirivati se, *Präs.* uznemirujem 21
uzor 22
uzvitlan, -a, -o 24
užasan, -sna, -sno 23
uživanje 20
uživjeti se *vo.*, *Präs.* uživim, *Perf.* uživio, -vjela 9

val, *Pl.* valovi 18
valjda 20
vani 21
varati se 21
varirati 17
vatra 11
već 2
veći, -a, -e 14
većina 11
večeras 3
večernji, -nja, -nje 18
veličanstvo 23
velik, -a, -o 8
veseliti se 4
veselo 11
veseo, -sela, -selo 2, 21
vidjeti *vo.*, *Präs.* vidim, *Perf.* vidio, vidjela 13
vidjeti se *vo.* 7
vihor 23
vijugav, -a, -o 21
vikati, *Präs.* vičem 8
vikend 7
vikendica 15
visok, -a, -o 21
više 14
viti, *Präs.* vijem 23
viti se, *Präs.* vijem 24
vjerojatno 18
vjerojatnost *f.* 15
vjerovati, *Präs.* vjerujem 10
vjetar, *G.* -tra, *Pl.* vjetrovi 23
vježba 16
vlak, *Pl.* vlakovi 4
vlasnik, *Pl.* -nici 8
vlasnik broda 8
voćni sok 6
voda 5
voljeti, *Präs.* volim, *Perf.* volio, voljela 4
voziti 16
vožnja 8
vrata, *Pl. tant.* 19
vratiti se *vo.* 16
vrijeđati 14
vrijeme, *G.* vremena 4, 7
vrijeme ručka 10
vršak, *G.* -ška, *Pl.* -šci 24
vrt, *Pl.* vrtovi 14
vruć, -a, -e 10
vrućina 18

za + *G.*, *A.*, *I* 3
zabavan, -vna, -vno 14
zabavljati 6
zabavljati se 3
zaboraviti *vo.* 18
zabuniti se 11
začinjen, -a, -o 11
začuti se *vo.*, *Präs.* začujem 21

zadarski, -ka, -ko 18
zadatak, *G.* -tka 4
zadnji, -nja, -nje 12
zadovoljan, -ljna, -ljno 2, 5
zadržati se *vo., Präs.* zadržim 21
zagrebački, -ka, -ko 16
zahtijevati 14
zahvaljivati se, *Präs.* zahvaljujem 5
zainteresiran, -a, -o 19
zaječiti *vo.* 24
zajednički, -ka, -ko 23
zajedno 4
zakasniti *vo.* 14, 18
zakašnjenje 17
zaključivati, *Präs.* zaključujem 20
zalaziti *vo.* 20
zaljev 6
zaljubljen, -a, -o 22
zamamljiv, -a, -o 23
zamijeniti *vo.* 17
zamisliti se *vo.* 16
zamoliti *vo.* 18
zanimanje 1
zanimati 9
zanimljiv, -a, -o 13
zapadni, -na, -no 18
zapaliti *vo.* 18
zapamtiti *vo.* 22
započeti *vo., Präs.* započnem 10
zaposlen, -a, -o 5
zar? 13
zaspati *vo., Präs.* zaspijem 11, 21
zastrt, -a, -o 24
zašto 6
zatim 5
zato 14
zatvoren, -a, -o 24
zaustaviti se *vo.* 20
zauzet, -a, -o 18
zavijati 24
zavijen, -a, -o 24
zavoj 21
zavrći se *vo., Präs.* zavrgnem, *Perf.* zavrgao, -gla 24
završavati 16
završiti *vo.* 18
zaželjeti *vo., Präs.* zaželim, *Perf.* zaželio, -željela 19
zbog + *G.* 14
zdušiti se *vo.* 24
zelen, -a, -o 19
zelenilo 23
zemlja 16
zgodan, -dna, -dno 8, 19
zid, *Pl.* zidovi 21
zmija 24
značiti 9
znanstven, -a, -o 18
znati, *Präs.* znam u. znadem 23
zoološki vrt 14
zora 20
zrak 8
zraka, *D. L.* zraci 20
zrcalo 23
zvati, *Präs.* zovem 5
zvati se, *Präs.* zovem se 18
zvijezda 20
zvonjava 14

žalostan, -sna, -sno 12
žarki, -ka, -ko 24
želja 17
željeti, *Präs.* želim, *Perf.* želio, željela 5
žena 6
živac, *G.* živca 14
živcirati 14
život 9
žurba 19

Aspektpaare der Verben

Unvollendet (imperfektiv)/Vollendet (perfektiv)

Das Kroatische und das Serbische verfügen über ein Aspektsystem, d.h. eine Tätigkeit (eine Handlung, ein Geschehen) kann durch zwei Verben ausgedrückt werden. Je nach der Vollendung (Einmaligkeit) oder der Unvollendung (Mehrmaligkeit, Andauern usw.) der Handlung wird ein perfektives oder ein imperfektives Verb gebraucht.

angažírati *(unvo./vo.)*
bȁcati/báciti (pobàcati)
bívati/bȉti
bjèžati/pòbjeći
bòjati se/pobòjati se
bòljeti/zabòljeti
búditi (se)/probúditi (se)
čȅkati *(unvo./vo.)*
čestítati *(unvo./vo.)*
čìniti (se)/učìniti (se)
čȉstiti/očìstiti
čìtati/pročìtati
čȕditi se/zàčuditi se
dávati/dȁti
dijèliti/podijèliti
díviti se/zadíviti se
dobívati/dòbiti
dodjeljívati/dodijèliti
događati se/dogòditi se
dòlaziti/dóći
donòsiti/dònijeti
dotjerívati se/dòtjerati se
dúhati (dúvati *dijal.*)/dúhnuti (dúnuti *dijal.*)
gásiti se/ugásiti se
glàdnjeti/oglàdnjeti
glȅdati/poglédati
govòriti/rèći, kázati
gŕnuti *(unvo./vo.)*/nagŕnuti
gùbiti se/izgùbiti se
htjȅti *(unvo./vo.)*
ìći *(unvo./vo.)*
ìgrati (se)/zaìgrati (se)
ìmati *(unvo./vo.)*
ìspadati/ìspasti
isplaćívati (se)/isplátiti (se)
ispričávati se/ispríčati se
ispunjávati/ìspuniti
iščezávati/ìščeznuti
ìzlaziti/izáći (izíći)
izglédati *(unvo./vo.)*
izgovárati/izgovòriti
iznenađívati/iznenáditi
jàdikovati/zajàdikovati
jávljati (se)/jáviti (se)
jéčiti/zajéčiti
jȅsti/pòjesti
krȁsti/ùkrasti
krétati/krénuti
krížati se *(unvo./vo.)*
kúpati (se)/okúpati (se)
kupòvati/kúpiti
kváriti (se)/pokváriti (se)
lèžati *(unvo./vo.)*
lijègati/lȅći
lijèvati *(unvo./vo.)*
lìstati *(unvo./vo.)*
lòmiti/slòmiti
lòžiti/nalòžiti
lùdjeti/polùdjeti
ljútiti (se)/razljútiti (se), naljútiti (se)
mijènjati (se)/promijèniti (se)
miròvati *(unvo./vo.)*
mȉsliti/pròmisliti (ràzmisliti)
mòći *(unvo./vo.)*
mórati *(unvo./vo.)*
mȕčiti se/ìzmučiti se
nàbavljati/nàbaviti
nàlaziti/nàći
nádati se *(unvo./vo.)*
nadmètati se *(unvo./vo.)*
nadoknađívati/nadòknaditi
nàlaziti (se)/náći (se)
namjerávati *(unvo./vo.)*
napúštati/napùstiti
naručívati/narúčiti
nàstajati *(unvo./vo.)*/nàstati
nazívati/nàzvati
nèstajati/nèstati
nòsiti/pònijeti
obavješćívati/obavijèstiti
òbavljati/òbaviti
obogaćívati se/obògatiti se
očekívati *(unvo./vo.)*
odgovárati/odgovòriti
odjekívati/odjéknuti
òdlaziti/otíći
odlučívati (se)/odlúčiti (se)
odmárati (se)/odmòriti (se)
odsijèvati/odsijèvnuti
òdvraćati/odvrátiti
opážati/òpaziti
opíjati (se)/òpiti (se)
opisívati/opísati
opráštati/opròstiti
òsjećati (se)/òsjetiti (se)
ostàjati/òstati
òstavljati/òstaviti
ostvarívati/ostváriti
osvećívati (se)/osvétiti (se)
osvjedočávati/osvjedòčiti
osvježávati (se)/òsvježiti (se)
otpraćívati/òtpratiti
oživljávati/ožívjeti
pȁdati/pȁsti
páliti (se)/upáliti (se), zapáliti (se)
pâmtiti/zàpāmtiti
pèći/ispèći
písati/napísati

pítati *(unvo./vo.)*/(upítati)
pȉti/pòpiti
pjȅniti se/zàpjeniti se
plákati/zàplakati
plésati/zaplésati
plȉvati/zàplivati
počešljávati (se)/počèšljati (se)
pòčimati/pòčeti
podùzimati/podùzēti
pogáđati/pogòditi
poháđati *(unvo./vo.)*
pójmiti *(unvo./vo.)*
pokazívati (se)/pokázati (se)
pokušávati/pokúšati
polágati/polòžiti
pòlaziti/póći
pomágati/pomòći
pòmicati (se)/pomàknuti (se)
pomirívati (se)/pomíriti (se)
pomíšljati/pòmisliti
ponášati se/pònijeti se
posjećívati/pòsjetiti
poslužívati (se)/poslúžiti (se)
pòstajati/pòstati
pòstavljati/pòstaviti
pòstizati/pòstići
posuđívati/posúditi
posvećívati/posvétiti
poštòvati *(unvo./vo.)*
potkrepljívati/potkrijèpiti
potvrđívati/potvŕditi
povláčiti (se)/povúći (se)
povòditi/povèsti
pòzdravljati/pòzdraviti
poznávati/pòznati
pozívati/pòzvati
prȁti/òprati
prȁviti/nàpraviti
prebacívati (se)/prebáciti (se)
prèdstavljati/prèdstaviti
prekídati/prèkinuti
prèlaziti/prijèći
prèstajati/prèstati
pretplaćívati/pretplátiti
približávati se/priblížiti se
príčati/ispríčati (razpríčati se)
pričekívati/prìčekati
priključívati se/priključíti se
prilágati/prilòžiti
prìlaziti/príći
prímati/prímiti
prìmicati se/primàknuti se
primjećívati/primijètiti
prìpravljati/prìpraviti
prispodòbiti *(unvo./vo.)*
privikávati se/prìviknuti se
priznávati/prìznati
pròlaziti/próći
prodávati/pròdati
prolámati se/prolòmiti se
promátrati/promòtriti
pronàlaziti/pronáći
prosijècati/pròsjeći
provòditi/provèsti
pȕniti/nàpuniti
púštati/pùstiti
pȕšiti *(unvo./vo.)*, (zàpušiti)
ráditi/uráditi
ráditi se o *(unvo./vo.)*
rȁdovati (se)/òbradovati (se)
raspitívati se/raspítati se
raspršívati/raspŕšiti
rásti/nàrasti
rastrésati se/ràstrēsti se
rastumačívati/rastumáčiti
razbacívati/razbàcati
razgaljívati/razgáliti
razgledávati/ràzgledati
razgovárati (se)/razgovòriti (se)
razjašnjávati/razjásniti
razlijègati se/ràzlēći se
razmíšljati/ràzmisliti
raznòsiti/ràznijeti
razumijèvati/razùmjeti
rezervírati *(unvo./vo.)*
rješávati/rijèšiti
ráđati (se)/ròditi (se)
rúgati se/narúgati se
sàstajati se/sàstati se
sàstavljati/sàstaviti
sastòjati se *(unvo./vo.)*
saznávati/sàznati
shvȁćati/shvȁtiti
sìlaziti/síći
sjȅćati se/sjètiti se
sjȅdati/sjȅsti (pòsjedati)
sjèditi *(unvo./vo.)*
sjȅći/sjȅknuti
slágati se/slòžiti se
slȁti/pòslati
slȁviti/pròslaviti
slȕšati/čȕti
smétati/smésti
smirívati (se)/smíriti (se)
smjéštati se/smjȅstiti se
smjȅti *(unvo./vo.)*
snàlaziti se/snáći se
spȁdati *(unvo./vo.)*
spávati *(unvo./vo.)*/(zàspati)
sporazumijèvati se/sporazùmjeti se
sprémati (se)/sprémiti (se)
srȅtati (se)/srȅsti (se)
stàjati *(unvo./vo.)*
stanòvati *(unvo./vo.)*
stávljati/stȁviti
stišávati se/stìšati se
stȉzati/stȉći, stȉgnuti
studírati *(unvo./vo.)*
sùstizati/sùstići
svíđati se/svȉdjeti se
svírati/zasvírati
šȁliti se/nàšaliti se
šúmiti *(unvo./vo.)*
tèći *(unvo./vo.)*/pròteći
trȁjati/pòtrajati
trážiti *(unvo./vo.)*/potrážiti
tŕčati *(unvo./vo.)*/potŕčati, otŕčati
trȅbati *(unvo./vo.)*/zàtrebati
trȅskati/trȅsnuti
ùčiti/naùčiti
udaljívati se/událjiti se
ùdarati/ùdariti
ùdisati/udàhnuti
ugledávati/ùgledati
ugovárati/ugovòriti
ùlaziti/úći
umárati se/umòriti se
umívati se/ùmiti se
upisívati se/upísati se
upoznávati se/upòznati se
upućívati se/upútiti se
uspijèvati/ùspjeti
usprskívati se/ùsprskati se
usrećívati/ùsrećiti
ùstajati/ùstati
uvíđati/ùvidjeti

uvjerávati/ùvjeriti
ùzdizati se/ùzdignuti se
ùzimati/ùzēti
uznemirívati se/uznemíriti se
uživljávati se/užívjeti se
vȁrati (se) *(unvo./vo.)*/(prèvariti (se))
varírati *(unvo./vo.)*
vesèliti se *(unvo./vo.)* (razvesèliti se)
víđati (se)/vȉdjeti (se)
víkati/víknuti
vȉti (se) *(unvo./vo.)*/(ùviti (se))
vjȅrovati *(unvo./vo.)*/pòvjerovati
vòljeti *(unvo./vo.)*
vòziti *(unvo./vo.)*
vrȁćati se/vrátiti se
vrijèđati/uvrijèditi
zàbavljati (se)/zàbaviti (se)
zaborávljati/zabòraviti
zabunjívati se/zabúniti se
zadržávati se/zadȑžati se
zahtijèvati *(unvo./vo.)*
zahvaljívati se/zahváliti se
zakašnjívati/zàkasniti
zaključívati/zaključiti
zàlaziti/záći
zamjenjívati/zamijèniti
zamíšljati (se)/zàmisliti (se)
zamoljávati/zamòliti
zanímati *(unvo./vo.)*
zapòčinjati/zapòčeti
zaùstavljati/zaùstaviti
zavíjati/zàviti
zavrgávati se/zàvr̄ći se
završávati/zavŕšiti
zdušívati se/zdúšiti se
znáčiti *(unvo./vo.)*
znȁti *(unvo./vo.)*
zvȁti/zóvnuti
zvȁti se *(unvo./vo.)*
žèdnjeti/ožèdnjeti
žèljeti/zažèljeti
živcírati *(unvo./vo.)*
žúriti (se)/požúriti (se)

Grammatikregister

Der Hinweis Bd. II verweist auf das Beiheft.

Adjektiv
Deklination der Adjektiva 3 B, 6; 5 B, 4; 8 B, 3; 9 B, 4–5; 10 B, 4–6; 11 B, 1; 14 B, 2
Possessivadjektiva 14 B, 3
Personenadjektiva 1 B, 5; 3 B, 7
Adverbien 9 B, 2
Aorist 20 B, 1
Aspekt 7 B, 6
Aspektpaare Bd. II S. 90–92
Assimilation Bd. II S. 65
Betonung 15 B, 7; Bd. II S. 64
Dativus ethicus 18 B, 6; 19 B, 5
Demonstrativpronomen *s.* Pronomina
Epenthetisches l Bd. II S. 66
Fragepronomen *s.* Pronomina
Futur I 7 B, 1–4; 13 B, 4
Futur II 17 B, 1–3
Genitivus Partitivus 9 B, 3
Grundzahlen *s.* Numeralia
Höflichkeitsform 13 B, 3
Imperativ 13 B, 1; 14 B, 1
Imperfekt 20 B, 2
Interpunktion Bd. II S. 64
Jotierung Bd. II S. 66
Komparation 14 B, 4; 16 B, 7
Konditional I 15 B, 1–5; 19 B, 1 u. 3
Konditional II 19 B, 1–2
Konsonantismus Bd. II S. 65–66
Kroatisch Bd. II S. 67–78
Lautgesetzliche Veränderungen Bd. II S. 65–66
Numeralia
Grundzahlen 6 B, 4; 16 B, 4
Ordnungszahlen 9 B, 6
Zahladjektiva 19 B, 8
Zahlsubstantiva 19 B, 6–7
Ordnungszahlen *s.* Numeralia
Palatalisation Bd. II S. 66
Palatalisierung Bd. II S. 66
Partizip Perfekti 10 B, 2; 11 B, 6; 12 B, 3
Passiv 22 B, 2–3
Perfekt 10 B, 1–3
Personalpronomina *s.* Pronomina
Pluralia tantum 15 B, 6
Plusquamperfekt 21 B, 1–2
Possessivadjektiv *s.* Adjektiv
Possessivpronomina *s.* Pronomina
Präpositionen
– mit Genitiv 10 B, 7; 11 B, 2; 14 B, 5; 17 B, 6–7; 20 B, 3; 24 B, 4
– mit Dativ 6 B, 3; 17 B, 5; 23 B, 5
– mit Akkusativ 11 B, 3; 17 B, 8; 23 B, 4
– mit Lokativ 11 B, 4; 23 B, 3
– mit Instrumental 17 B, 9; 21 B, 3
Präsens 1 B, 1–4; 2 B, 1–8; 3 B, 1–4; 4 B, 2–4, 5 B, 1–2; 6 B, 5–6; 8 B, 4; 9 B, 7; 12 B, 2
– reflexiv 3 B, 5
Pronomina
Demonstrativ- 14 B, 7
Frage- 17 B, 4
Personal- 13 B, 2
Possessiv- 6 B, 1; 8 B, 2
Reflexiv- 18 B, 4
Reflexiv-possessiv- 6 B, 2
Relativ- 17 B, 4
Unbestimmte – 14 B, 8; 18 B, 3
Rechtschreibung Bd. II S. 64
Reflexivpronomen *s.* Pronomina
Reflexiv-possessivpronomen *s.* Pronomina
Relativpronomen *s.* Pronomina
Serbisch Bd. II S. 67–78
Silbentrennung Bd. II S. 64
Substantiva
Deklination der –
Maskulina 1 B, 6; 2 B, 9; 4 B, 1; 11 B, 5; 12 B, 1
Feminina 2 B, 10; 4 B, 1; 5 B, 3; 7 B, 5; 9 B, 1; 16 B, 6
Neutra 4 B, 1; 8 B, 1
Unbestimmtes Pronomen *s.* Pronomina
Verbaladjektiv (passiv) 22 B, 1
Vokalismus Bd. II S. 65
Verbaladverbium
– der Gegenwart 18 B, 1; 23 B, 1
– der Vergangenheit 18 B, 2
Zahlen *s.* Numeralia
Zahladjektiva *s.* Numeralia
Zahlsubstantiva *s.* Numeralia

Übersetzung der Lektionstexte und Schlüssel zu den Übungen

1A

Wer ist das?

Das ist mein Freund Boris.
Er ist vorübergehend in Deutschland.
Und das hier ist meine Freundin Nada.
Sie kommt aus Zagreb.
Sie ist Studentin.
Boris und ich sind auch Studenten.
Jener dort ist auch unser Freund aus Zagreb.
Er ist kein Student, er ist Arbeiter.

Was ist das?
Das hier ist mein Buch.
Das da ist mein Heft.
Und jenes dort ist Nadas Wörterbuch.
Boris' Wörterbuch ist nicht hier.

– Was sind deine Eltern von Beruf?
– Mein Vater ist Professor, und meine Mutter ist Hausfrau.
  Und was sind deine Eltern?
– Meine Eltern sind Arbeiter.

– Wo sind deine Eltern heute?
– Heute sind meine Eltern nicht zu Hause.
  Und sind deine Eltern heute zu Hause?
– Nein. Meine Eltern sind auch nicht zu Hause.

1C

1.
a. To je moj prijatelj. **b.** To je moja prijateljica. **c.** To je Nada. **d.** To je student Boris. **e.** To je moja prijateljica Nada. **f.** Boris je student.

2.
a. To je bilježnica. **b.** To je rječnik. **c.** To je stol. **d.** To je lampa.

3.
a. Boris je student po zanimanju. **b.** Nada je studentica. **c.** Ja sam student. **d.** Ti si đak. **e.** Ja sam profesor po zanimanju.

4.
a. Jest (Da, on je radnik). **b.** Jesmo (Da, mi smo studenti). **c.** Jesmo (Da, mi smo

radnici). **d.** Jesu (Da, oni su studenti). **e.** Jesam (Da, ja sam student). **f.** Jest (Da, ona je studentica).

5.
a. Da, on je đak (Jest). **b.** Da, ja sam lektor (Jesam). **c.** Da, ona je profesor (Jest).

6.
a. Ne, mi nismo radnici (Nismo). **b.** Ne, oni nisu radnici (Nisu). **c.** Ne, mi nismo đaci (Nismo). **d.** Ne, ona nije studentica (Nije).

7.
a. Ne, Nada nije radnik; Jest, Nada je radnik. **b.** Ne, Boris nije student; Jest, Boris je student. **c.** Ne, mi nismo studenti; Jest, mi smo studenti. **d.** Ne, oni nisu profesori; Jest, oni su profesori. **e.** Ne, ja nisam lektor; Jest, ja sam lektor.

8.
a. Gdje je Ankina knjiga? **b.** Gdje je Mirjanina olovka? **c.** Gdje je Milkin otac? **d.** Gdje je Marijina majka? **e.** Gdje je Borisov prijatelj? **f.** Gdje je Robertov brat? **g.** Gdje je Josipova prijateljica?

9.
a. Vi ste radnici. **b.** Oni su profesori. **c.** Gdje su rječnici? **d.** Tvoji rječnici su tu. **e.** Oni su đaci.

10.
a. Tko je tvoj prijatelj? **b.** Moj prijatelj je Boris. **c.** Što je tvoj prijatelj po zanimanju? **d.** On je student po zanimanju. **e.** Je li i Nada studentica? (Je li Nada također studentica?) **f.** Ona nije studentica. **g.** Nije li Boris student? **h.** Da, on je student. **i.** Nisu li to tvoji roditelji? **j.** Moji prijatelji nisu ovdje. **k.** Gdje je Borisov rječnik? **l.** Borisov rječnik nije tu.

2A

Boris' Geburtstag

Boris hat heute Geburtstag.
Er wartet auf seine Freunde und Freundinnen.
Boris' Eltern sind heute nicht zu Hause.

Boris hat viele Freunde und Freundinnen.
Jener dort ist Josip, links ist Branko und rechts ist Slavko.
Nada und Dragica sind auch hier.

Boris ist schon fünfundzwanzig Jahre alt.
Sein Freund Josip ist dreißig, und seine Freundin Nada ist erst achtzehn Jahre alt.

Boris nimmt die Geschenke entgegen.
Heute ist er zufrieden und froh.
Er ist in Form.

2C

1.
a. Boris ima rođendan. **b.** Moj prijatelj ima rođendan. **c.** Moji roditelji imaju rođendan.

2.
a. Ne, ja nemam rođendan; Da, ja imam rođendan. **b.** Ne, moji roditelji nemaju rođendan; **c.** Da, Borisova prijateljica ima rođendan. **d.** Ne, oni nemaju rođendan.

3.
a. Ja nemam rođendan. **b.** Moji prijatelji nemaju rođendan. **c.** Vi nemate rođendan. **d.** Nada i Slavko nemaju rođendan. **e.** Ti nemaš rođendan. **f.** Ti i on nemate rođendan. **g.** Ja i ti nemamo rođendan.

4.
a. Ne, ja nemam danas rođendan. **b.** Da, Boris ima danas rođendan. **c.** Ne, Borisovi roditelji nemaju danas rođendan. **d.** Ne, mi nemamo danas rođendan. **e.** Ne, Nada i Slavko nemaju danas rođendan.

5.
a. Da, on čeka svoje prijatelje. **b.** Ne, mi ne čekamo svoje prijateljice. **c.** Da, ja čekam svoje roditelje.

6.
a. Čekam svoje roditelje kod kuće. **b.** Čekamo svoje prijatelje kod kuće. **c.** Čekamo prijatelje kod kuće.

7.
a. Boris prima poklone. **b.** Mi primamo poklone. **c.** Vi primate poklone. **d.** Moji roditelji primaju poklone. **e.** Boris i Nada primaju poklone. **f.** Boris prima poklone.

8.
a. Boris ima dvadeset i pet godina. **b.** Nada ima osamnaest godina. **c.** Borisov prijatelj Josip ima trideset godina. **d.** Mi imamo … godina (godine). **e.** Ja imam … godina (godine).

9.
a. Boris čeka svoje prijatelje. **b.** Boris čeka svoje prijateljice. **c.** Boris čeka svoje roditelje.

10.
a. Borisovi roditelji su danas kod kuće. **b.** On čeka svoje roditelje i svoje prijatelje. **c.** Njegove prijateljice su već tu. **d.** On prima poklone. **e.** Danas je u formi.

3A

Geburtstagsfeier

Die Freunde gratulieren Boris zum Geburtstag und setzen sich an den Tisch.

Boris fragt die Freunde, was sie trinken.
Josip und Branko trinken Rotwein, und Slavko trinkt Weißwein.

Boris' Freundinnen trinken keinen Wein.
Sie trinken gewöhnlich Likör oder Tee.
Nada trinkt heute abend Birnenlikör, und Dragica trinkt Tee.

Boris' Plattenspieler ist kaputt.
Heute spielt sein Radio.
Die Freunde tanzen und vergnügen sich.

Boris' Freunde und Freundinnen gehen um 11 Uhr nach Hause.
Sie sind müde.
Boris denkt, daß sie sogar betrunken sind.

3C

1.
a. Josip i Branko piju crno vino. **b.** Borisovi prijatelji piju vino. **c.** Njegove prijateljice piju crno vino. **d.** Mi pijemo bijelo vino. **e.** Ti piješ bijelo vino.

2.
a. Oni piju crno vino. **b.** Ja pijem vino. **c.** Mi pijemo čaj. **d.** Mi pijemo bijelo vino.

3.
a. Što ja pijem? **b.** Što piju one? **c.** Što pijete vi? **d.** Što pijemo mi?

4.
a. Što pijem danas? **b.** Što pijemo večeras? **c.** Što pijete danas? **d.** Što piju danas?

5.
a. Tko pleše? Boris i Nada plešu. **b.** Tko pleše? Mi plešemo. **c.** Tko pleše? One plešu. **d.** Tko pleše? Vi plešete. **e.** Tko pleše? Ti plešeš.

6.
b. Ne, ja ne plešem. **c.** Da, mi plešemo danas. **d.** Ne, oni ne plešu danas.

7.
b. Ti pitaš, da li mi plešemo. **c.** Mi pitamo, da li on pleše. **d.** One pitaju, da li vi plešete.

8.
b. Ne, mi nismo pijani. **c.** Ne, oni nisu pijani. **d.** Ne, one nisu pijane. **e.** Ne, on nije pijan.

9.
b. Vi mislite da ja nisam pijan. **c.** Oni misle da je ona pijana. **d.** Mislimo da je on umoran. **e.** Mislim da su one umorne.

10.
b. Mi idemo kući. **c.** One idu kući. **d.** Vi idete kući.

11.
b. Ne, mi ne idemo kući. **c.** Da, one idu kući. **d.** Da, oni idu kući.

12.
b. Vi pitate, idemo li kući.; Vi pitate, da li idemo kući. **c.** One pitaju, idu li oni kući.; One pitaju, da li oni idu kući. **d.** Pitam, ideš li kući.; Pitam, da li ideš kući. **e.** Pitam, idete li kući.; Pitam, da li idete kući.

13.
b. Da, ja se zabavljam. **c.** Da, on se zabavlja. **d.** Da, ona se zabavlja. **e.** Da, mi se zabavljamo. **f.** Da, mi se zabavljamo.

14.
b. Zabavljaju li se one? **c.** Zabavljate li se vi? **d.** Zabavljamo li se mi? **e.** Zabavljaš li se ti?

15.
b. Ne, one se ne zabavljaju. **c.** Ne, on se ne zabavlja. **d.** Ne, mi se večeras ne zabavljamo.

16.
b. On se danas zabavlja kod kuće. **c.** Zabavljamo se kod kuće. **d.** Zabavljaju se kod kuće.

17.

b. Borisove prijateljice su umorne. **c.** Nadini prijatelji su umorni. **d.** Nadine prijateljice su umorne.

18.

a. Čestitam ti rođendan. **b.** Borisovi prijatelji plešu i zabavljaju se večeras. **c.** Boris misli da su njegovi prijatelji pijani. **d.** Mi smo danas umorni (umorne *f.*). Nismo pijani (pijane *f.*), **e.** Večeras idem kući. **f.** Danas pijemo crno vino. **g.** On ne pije bijelo vino.

4A

Ein Gespräch

– Wohin gehst du, Nada?

– Ich gehe nach Zagreb.
Ich muß einige Sachen für die Schule besorgen.
– Was mußt du besorgen?
– Ich muß mir einige Bücher kaufen.
– Gehst du zu Fuß in die Stadt?
– Nein, ich gehe nicht zu Fuß.
Ich fahre mit dem Bus.
Die Buchhandlung befindet sich in der Innenstadt.
Das ist weit, und ich habe heute keine Zeit.
Heute nachmittag muß ich noch einige Aufgaben für morgen lösen.

– Ich muß auch heute nach Zagreb.
Gehen (fahren) wir zusammen, wenn du willst.
Ich habe ein Auto.
– Eine gute Idee! Gehen (fahren) wir gleich?
– Ja, ja! Wir gehen (fahren) gleich. Ich muß nur noch das Portemonnaie mitnehmen.

Nada freut sich, weil sie nicht auf den Bus warten muß.
Boris ist auch glücklich, weil er Nadas Gesellschaft gerne hat.

4C

1.

b. Danas idemo u Karlovac. **c.** Danas idemo u Sarajevo. **d.** Oni idu večeras u grad. **e.** Ona ide sutra u grad.

2.
b. Ne, on ne ide pješice. Ide autom. **c.** Ne, one ne idu pješice. Idu autom. **d.** Ne, ne idemo pješice. Idemo vlakom.

3.
b. Čekamo u autobusu. **c.** Čekaju u vlaku. **d.** Knjižara se nalazi u gradu. **e.** Auto je u gradu. **f.** Moja kuća je u centru grada.

4.
b. Gledamo auto. **c.** One gledaju Zagreb. **d.** Ona gleda centar grada. **e.** Čekam prijatelja.

5.
b. Danas moramo kupiti košulju (košulje). **c.** Sutra moraju kupiti novčanik (novčanike).

6.
b. Da, ja imam vremena. **c.** Da, oni imaju vremena. **d.** Ne, one nemaju vremena. **e.** Ne, mi nemamo vremena.

7.
a. Ja moram ići u školu. **b.** Ona mora ići u Zagreb. **c.** Vi morate ići u školu. **d.** One moraju ići u Karlovac.

8.
b. Moramo kupiti bilježnicu. **c.** Moramo kupiti loptu. **d.** One moraju kupiti auto. **e.** Moram kupiti novčanik.

9.
b. Mi si moramo kupiti knjigu. **c.** Oni (one) si moraju kupiti bilježnicu.

10.
b. Ne, ne moramo si kupiti loptu. **c.** Da, moraju si kupiti auto. **d.** Ne, ne moraju si kupiti novčanik.

11.
b. Hoće knjigu. **c.** Hoćemo loptu. **d.** One hoće auto. **e.** Hoćemo ići u grad. **f.** Hoću piti bijelo vino.

12.
a. Danas moram ići u grad. **b.** Moraš li i ti ići u grad? (Moraš ti također ići ...)? **c.** Mora li si on kupiti knjigu? **d.** Ne, on si ne mora kupiti knjigu. On si mora kupiti auto. **e.** Idemo zajedno u grad, ako hoćeš. **f.** Imamo li danas vremena? **g.** Ne, danas nemamo vremena. Danas popodne (poslije podne) moramo rješavati neke zadaće.

5A

Boris und Nada kaufen Bücher ein.

Boris und Nada gehen in eine Buchhandlung hinein und begrüßen die Verkäuferin:

– Guten Tag!
– Guten Tag, was wünschen Sie?
– Ich wünsche eine Grammatik und ein Wörterbuch der deutschen Sprache.
– Bitte sehr, heute müssen Sie sich selbst bedienen.
  Dort, auf der rechten Seite befinden sich die Bücher für Fremdsprachen.
  Ich kann Ihnen nicht helfen, weil ich sehr beschäftigt bin. Meine Kolleginnen sind nämlich krank.
– In Ordnung, wir wissen wo die Bücher sind.
– Hier, die Grammatik ist da, aber das Wörterbuch können wir nicht finden.
– Ach, schade!
  Im Augenblick gibt es kein Wörterbuch für die deutsche Sprache.
  Verzeihen Sie, können Sie am Freitag noch einmal kommen und nachschauen, ob die deutschen Wörterbücher da sind?
– Gut, dankeschön.
  Am Freitag muß ich auch zur Bank.

Die Freunde bedanken sich und gehen weg.
– Auf Wiedersehen!
– Auf Wiedersehen bis zum nächstenmal.

Nada und Boris gehen danach in eine Bar auf einen Kaffee.
Boris trinkt lieber Bier, aber in der Gesellschaft ist er auch mit Kaffee zufrieden.

5C

1.
b. On pozdravlja majku. **c.** Vi pozdravljate prijateljicu. **d.** Ona pozdravlja prodavačice. **e.** One pozdravljaju prijatelja. **f.** Mi pozdravljamo brata. **g.** Ti pozdravljaš profesora.

2.
b. Kupujete li danas u knjižari knjige? **c.** Oni ne kupuju danas knjige. **d.** One kupuju danas u školi knjige.

3.
b. Vi kupujete danas bilježnice. **c.** Ona kupuje danas olovke. **d.** Mi kupujemo danas knjige, bilježnice i olovke.

4.
b. One se zahvaljuju i odlaze. **c.** Oni se zahvaljuju i odlaze. **d.** Vi se zahvaljujete i odlazite. **e.** Boris i Nada se zahvaljuju i odlaze.

5.
b. Ne idemo li u školu? **c.** Ne idete li vi u biblioteku? **d.** Ne ide li ona danas u kavanu?

6.
b. Ne, danas idemo u grad. **c.** Ne, danas idemo u park. **d.** Ne, oni idu sutra u bar.

7.
b. Ne, ona ne zna gdje je moj auto, ja znam. **c.** Ne, mi ne znamo gdje je škola, oni znaju. **d.** Ne, ja ne znam gdje je moja knjiga, ti znaš.

8.
b. Ona danas ne može ići u Zagreb jer je bolesna. **c.** Mi danas ne možemo ići u šumu jer smo bolesni. **d.** On ne može raditi jer je pijan. **e.** One ne znaju gdje je škola jer su pijane.

9.
b. Što mi želimo? **c.** Što oni žele? **d.** Što ona želi? **e.** Što Vi želite?

10.
b. Želimo bijelo. **c.** Žele liker. **d.** Žele vino.

11.
b. Zadovoljan si s prijateljicom. **c.** Zadovoljan je s loptom. **d.** Zadovoljan je sa ženom.

12.
b. Zadovoljni ste s kavom. **c.** Zadovoljne su s vodom. **d.** Zadovoljni su s loptom.

13.
a. Hoćemo li ići danas u knjižaru? Moram si naime kupiti njemačku gramatiku za školu. **b.** Ideš li danas u bar na kavu? Ja u baru čekam prijatelje. Ti također možeš doći, ako hoćeš. **c.** Ne mogu doći. **d.** Pijem radije pivo.

6A

Im Restaurant

Ivan Milić geht heute abend mit seiner Familie in ein Restaurant zum Abendessen.
Er ist schon fertig.
Marijana, seine Frau, ist auch fertig.
Sie gehen genau um 8 Uhr.

Marijana und Ivan haben eine Tochter und zwei Söhne.
Ihre Tochter ist sechs Jahre alt; ein Sohn zehn und der andere zwölf.

– Guten Abend! – begrüßt Ivan den Kellner. – Ist der Tisch dort am Fenster frei? – fragt Ivan.
– Guten Abend! Der Tisch ist frei, nehmen Sie bitte Platz! – antwortet der Kellner.

Die Gäste setzen sich an den Tisch, lesen die Speisekarte und bestellen.
Ivans Frau bestellt Weißwein und Kalbsschnitzel mit Reis und Salat.
Ivan bestellt Rotwein und Fisch.
Vesna, ihre Tochter, hat nicht so viel Hunger. Sie bestellt nur Erdbeeren mit Eis und einen Obstsaft.

Mladen und Marko essen nichts.
– Warum wollt ihr nichts essen? – fragt Vesna.
– Wir wollen nichts, weil wir keinen Hunger haben! – antworten sie einstimmig.

Der Kellner bringt das Essen.
– Guten Appetit!
– Danke.

Marko unterhält Vesna, und Mladen stiehlt ihre Erdbeeren.
Vesna weint.
– Warum weinst du? – fragt die Mutter.
– Mladen ist ein Dieb, Mama, er stiehlt meine Erdbeeren und sagt, daß er keinen Hunger hat.
Vesna bestellt noch einmal Erdbeeren.

6C

1.

b. Moje sestre čitaju pismo. **c.** Tvoje knjige su na stolu. **d.** Tvoje čaše su na stolu. **e.** Tvoji profesori su u školi. **f.** Njegove olovke ne pišu. **g.** Njegove kuće se nalaze u gradu. **h.** Njegovi prijatelji su konobari. **i.** Njezine sobe su velike. **j.** Njezini rječnici su kod kuće. **k.** Naše majke su bolesne. **l.** Naše knjige nisu na stolu. **m.** Naši autobusi dolaze u pet sati. **n.** Gdje su vaše lopte?
o. To su Vaše ulice. **p.** Nisu li to vaši novčanici? **q.** Njihove kćerke imaju deset godina. **r.** Njihovi prijatelji piju samo crno vino.

2.

b. Ne, to je njezina bilježnica. **c.** Ne, to je vaš auto. **d.** Ne, to je naš prijatelj. **e.** Ne, to je njegov rječnik.

3.
b. Nećemo, imamo svoj auto. **c.** Neće, ima svoju loptu. **d.** Neće, imaju svoj sat.

8.
b. Njegova žena naručuje kavu. **c.** Vesna naručuje jagode. **d.** Mi naručujemo pivo. **e.** Oni naručuju ribu.

9.
b. On čita svoju knjigu. **c.** Ti čitaš svoju knjigu. **d.** Ona čita svoju knjigu. **e.** Mi čitamo svoj roman. **f.** One čitaju svoj roman. **g.** Vi čitate svoj roman. **i.** Oni čitaju svoj roman.

10.
b. jedu, **c.** jedete, **d.** jedeš, **e.** pije, **f.** pijete

11.
b. Ti plačeš jer ja kradem tvoje jagode. **c.** Vi plačete jer mi krademo vaše jagode. **d.** One plaču jer oni kradu njihove jagode.

12.
a. Idemo u restoran i naručujemo pivo, teleći odrezak i kavu. **b.** Ona plače jer je bolesna. **c.** Ne jedemo ništa jer nismo gladni. **d.** Oni neće ništa jesti jer nisu gladni. **e.** Hoćeš li moju knjigu? Ne, imam svoju (knjigu). **f.** On ne ide autobusom jer ima auto. **g.** Ja imam svoju, ti svoju, a on ima svoju knjigu. **i.** Tvoj brat je kod kuće. Čita svoju knjigu.

Test 1

A.
a. 1; **b.** 3; **c.** 3; **d.** 3; **e.** 2; **f.** 5; **g.** 6; **h.** 3; **i.** 4;

B.
a. 1; **b.** 2; **c.** 4; **d.** 3;

C.
a. 3; **b.** 4; **c.** 3; **d.** 6; **e.** 5; **f.** 2; **g.** 1;

D.
a. 3; **b.** 3; **c.** 1; **d.** 2; **e.** 4; **f.** 1;

E.
a. 1; **b.** 2; **c.** 1; **d.** 4; **e.** 3;

F.
a. 3; **b.** 3; **c.** 1; **d.** 4; **e.** 6; **f.** 5; **g.** 2;

G.
a. 4; **b.** 3; **c.** 2; **d.** 1;

H.
a.1; **b.** 1; **c.** 3; **d.** 2; **e.** 2;

I.
a. 4; **b.** 2, 3; **c.** 1;

J.
a. 1; **b.** 2; **c.** 1; **d.** 2; **e.** 1; **f.** 3;

K.
a. 1; **b.** 2, 2; **c.** 3; **d.** 1, 2; **e.** 4;

L.
a. 2; **b.** 5; **c.** 4; **d.** 3; **e.** 1;

M.
a. 4 oder 5; **b.** 5; **c.** 6; **d.** 2; **e.** 1; **f.** 3;

N.
a. 3; **b.** 5; **c.** 4; **d.** 1; **e.** 2; **f.** 1;

O.
a. 1; **b.** 3; **c.** 3; **d.** 2; **e.** 2; **f.** 1;

P.
a. 3; **b.** 1; **c.** 1; **d.** 4; **e.** 2; **f.** 1;

Q.
a. 3; **b.** 4; **c.** 5; **d.** 6; **e.** 2; **f.** 1;

R.
a. 1; **b.** 2; **c.** 4; **d.** 3;

S.
a. 5; **b.** 4; **c.** 2; **d.** 1; **e.** 3;

T.
a. 3, 4, 4; **b.** 2; **c.** 1;

U.
a. 2; **b.** 2; **c.** 1; **d.** 2; **e.** 1;

V.
a. 1; **b.** 2; **c.** 1; **d.** 2;

7A

Am Strand

Boris und Branko sind heute nachmittag am Strand.
Sie liegen im (auf dem) Sand, unterhalten sich über das Wetter und überlegen, was sie morgen unternehmen werden.

– Willst du auch morgen zum Strand kommen? – fragt Branko (den) Boris.
– Ich werde kommen, wenn das Wetter schön bleibt und wenn ich nicht mit meinen Eltern zum Wochenendausflug gehe.
– Wir können auch das Wochenende alleine verbringen! – fährt Branko fort. Ich werde meine Freundin und einige Freunde mitbringen. Du kannst auch deine Freunde und Freundinnen mitnehmen. Wenn du keine Freunde hast, kannst du auch deine Verwandten einladen.
– Ausgezeichnete Idee! Ich werde meine Freunde und Verwandten einladen. Wir werden frisches Fleisch kaufen, ein Boot nehmen und auf jene kleine Insel fahren. Dort werden wir ein Picknick vorbereiten und unser Wochenende verbringen. Kannst du die Getränke besorgen?
– Ich bin mit deinem Vorschlag einverstanden. Wir werden uns morgen sehen.

Die Freunde bleiben dabei und gehen nach Hause.

7C

1.
b. Kupit ćeš meso i vino. **c.** Uzet će … **d.** Ostat ćemo danas tamo. **e.** Doći će također u kino. **f.** Pripremit ćete se za piknik. **g.** Kupit će si knjigu. **h.** Pozvat će prijatelje. **i.** Nabavit ćete piće.

2.
b. Ja neću doći sutra autom u grad. **c.** Nećemo se vratiti večeras. **d.** Vi se nećete pripremiti za sutra ako ostane lijepo vrijeme. **e.** Mi nećemo pozvati tvoje roditelje. **f.** On neće ostati sutra na plaži.

3.
b. Hoće li on sutra kupiti svježe meso? **c.** Hoće li ona možda otići s roditeljima u kino? **d.** Hoću li se ja sutra vratiti? **e.** Hoćemo li sutra provesti dan na plaži? **f.** Hoćeš li povesti prijatelja na plažu? **g.** Hoćete li kupiti sutra auto?

4.
b. Nećemo li kupiti meso …? **c.** Nećete li vi …? **d.** Neće li tko …? **e.** Neće li se on …? **f.** Neće li on …? **g.** Neće li one …? **h.** Nećeš li kupiti …?

5.
b. Ona će piti bijelo vino. **c.** Vi ćete kupovati … **d.** Mi ćemo ići … **e.** U parku ćemo ostati dva sata. **f.** Vrijeme će biti lijepo. **g.** Oni će se razgovarati …

6.
b. Oni se razgovaraju o knjizi. **c.** … o školi. **d.** … o lopti. **e.** … o ženi. **f.** … o bilježnici.

7.
b. Oni su danas u šumi. **c.** Ona je danas u kući (kod kuće). **d.** Knjiga je u školi.

8.
b. … majci. **c.** … ženi. **d.** … Nadi.

9.
b. … sa sestrama. **c.** … sa ženama. **d.** … s majkama.

10.
b. … o prijateljicama. **c.** … o majkama. **d.** … o školama. **e.** … o šumama.

11.
b. On hoće da ti danas kupiš knjige. **c.** On hoće da mi danas kupimo loptu. **d.** On hoće da danas otiđem u Zagreb. **e.** On hoće da danas nabavimo vino … **f.** On hoće da danas ostanem kod kuće. **g.** On hoće da danas razmislimo o školi.

12.

a. Hoćeš li doći sutra na plažu? **b.** Doći ću ako ostane lijepo vrijeme. **c.** Tko će nabaviti meso i vino za piknik? **d.** Hoćeš li pozvati svoje prijatelje? **e.** Ne, neću pozvati svoje prijatelje. Pozvat ću svoje roditelje. **f.** Pozvat ću samo svoje prijateljice. **g.** Zašto ona neće doći? **h.** Doći ću ako pozoveš svoju sestru. **i.** Ostajemo pri tome i idemo kući.

8A

Ein Ausflug

Boris, Branko, Nada, ihre Freunde und Freundinnen, Kollegen und Kolleginnen und ihre Verwandtschaft brechen am Samstag früh, gerade beim Sonnenaufgang zu einem Ausflug auf.

Treffpunkt ist der Hafen von Rijeka. Der Schiffer mit seinem kleinen Schiffchen (Boot) erwartet die Ausflügler.
In dem kleinen Schiffchen (Boot) gibt es Platz für dreißig Personen.
Die Ausflügler gehen auf das Schiff, begrüßen den Schiffsbesitzer und entfernen sich von der Küste.
Ihr Ziel ist die Insel Cres. Das ist eine ziemlich große Insel. Sie ist gut bewohnt. Von der Bucht von Rijeka ist sie ziemlich weit entfernt. Die Ausflügler brauchen eine gute Stunde (Fahrt) mit dem Schiff bis nach Cres.

Das Wetter ist ruhig, das Meer klar und blau.
Zwei Mädchen sprechen über den Ausflug und bewundern das Meer.

– Das Meer ist heute wunderschön! – sagt die eine.
– Es ist herrlich! Ich habe das ruhige und klare Meer gerne, setzt die andere fort.
– Ich habe auch das ruhige Meer gerne, besonders wenn ich mich auf dem Schiff befinde. Aber ich betrachte auch gerne das bewegte Meer, natürlich wenn ich an der Küste bin. Das unruhige Meer ist geheimnisvoll.
– Ich habe Angst vor dem unruhigen Meer. Ständig denke ich an die Haie und an die Reisenden, die sich auf dem offenen Meer befinden.
– Wir fahren gerade in den Hafen ein! – ruft Jasna.
– Dieser Hafen ist ja leer!
– Ja, das ist eine Fischersiedlung. Die Fischer sind jetzt nicht hier. Tagsüber verkaufen sie ihre Fische, und nachts gehen sie auf Fischfang.

Das Schiffchen (Boot) nähert sich langsam der Küste, die Ausflügler steigen aus, atmen frische Luft und versuchen ein günstiges Plätzchen für ihr Picknick zu finden.

8C

1.

b. Ona nije tu jer je bolesna. **c.** On neće doći jer nije kod kuće. **d.** Neću doći u školu jer moram ostati kod kuće. **e.** Mjesto sastanka je riječka luka jer idu brodom. **f.** Ona se boji mora jer je uzburkano. **g.** On se ne boji mora jer voli nemirno more.

2.

b. Mi volimo ovo kupalište. **c.** One vole ovo vrijeme. **d.** Ti voliš uzburkano more.

3.

b. Danas se divim kupalištu. **c.** Divim se moru. **d.** Divim se mjestu za piknik.

4.

b. Oni razgovaraju o uzburkanom moru. **c.** Oni razgovaraju o dobrom vremenu. **d.** Oni razgovaraju o nemirnom moru.

5.

b. Ne, to nije moj otac, to je njegov otac. **c.** Ne, to nije moj brat, to je njegov brat. **d.** Ne, to nije moja sestra, to je njegova sestra. **e.** Ne, to nije moja knjiga, to je njegova knjiga. **f.** Ne, to nije moja majka, to je njegova majka. **g.** Ne, to nije moje kupalište, to je njegovo kupalište. **h.** Ne, to nije moj brodić, to je njegov brodić.

6.

b. Ona ima svoju stolicu. **c.** Ona ima svoju knjigu. **d.** Ona ima svoj rječnik. **e.** Ona ima svog(a) prijatelja. **f.** Ona ima svog(a) brata.

7.

b. Ti ideš u školu sa svojim prijateljem. **c.** Ona ide u školu sa svojom sestrom. **d.** Mi idemo u školu sa svojom prijateljicom. **e.** On ide u školu sa svojom sestrom. **f.** Ona ide u školu sa svojom majkom.

8.

b. To su njegove knjige. **c.** To su njezini rječnici. **d.** To su moje sestre. **e.** To su moji prijatelji. **f.** To su tvoje prijateljice.

9.

b. Ti razgovaraš o svojem prijatelju. **c.** Ona razgovara o svojoj sestri. **d.** Ja razgovaram o svojoj lopti. **e.** Razgovaraš o svojoj knjizi.

10.

b. Ja volim svoje prijateljice. **c.** Ti voliš svoje sestre. **d.** On voli svoje knjige.

11.

b. Vi ste kod kuće sa svojim prijateljima. **c.** Oni su u gradu sa svojim prijateljicama. **d.** Mi smo večeras u kinu sa svojim prijateljicama.

12.
b. Ona pita svoje prijatelje gdje je škola. **c.** Mi pitamo naše kolegice gdje je šuma.

13.
b. Oni trebaju sat vožnje do Cresa. **c.** Mi trebamo sat vožnje do Zagreba. **d.** Ti trebaš sat vremena do šume.

14.
a. Subotu rano krećemo u šumu sa svojim prijateljima. **b.** Do šume trebamo dobar sat vožnje autom. **c.** Moji roditelji se boje mora kad je uzburkano (nemirno). Oni uvijek (stalno) misle na morske pse i na putnike koji se nalaze na otvorenoj pučini. **d.** Divim se moru kad je uzburkano. Naravno mislim i ja na putnike. **e.** Spremit ćemo subotu sa svojim prijateljima i prijateljicama i sa svojom rodbinom piknik u šumi. **f.** Ribarsko naselje je prazno jer ribari prodaju danju svoje ribe. A noću luka nije prazna jer ribari idu u (ribo-)lov. **g.** Naš cilj je jedan otok. Dosta je udaljen od luke.

9A

An der Universität

Vera ist Studentin der deutschen und französischen Sprache und Literatur. Sie ist fleißig und besucht regelmäßig alle Vorlesungen und Seminare. In diesem Herbst schreibt sie sich in das dritte Jahr ein. Jedes Jahr hat zwei Semester. Das heißt, daß sie jetzt im fünften Semester ist.
Sie spricht sehr gut Deutsch und Französisch und außerdem versteht sie Italienisch.

– Guten Morgen, Mladen!
– Guten Morgen, Vera! Wie geht es dir?
– Danke, gut! Und dir?
– Mir geht es auch gut! Ich komme gerade aus der Vorlesung über neue deutsche Literatur. Du hörst nicht diese Vorlesung?
– Ich weiß nicht, ich muß noch meinen Stundenplan zusammenstellen. Wenn mir freie Zeit übrig bleibt, werde ich auf alle Fälle versuchen, diese Vorlesung zu besuchen, weil mich die zeitgenössische deutsche Literatur sehr interessiert.
– Dieses Jahr muß ich ein Seminar in Geschichte belegen.
– Ach, ja! Ich erinnere mich, du studierst auch Geschichte. Was für ein Seminar wirst du belegen?
– Ich muß auf alle Fälle ein Seminar in mittelalterlicher Geschichte belegen. Das ist ein sehr langweiliges Thema.

– Was machst du jetzt, Vera? Hast du einige Minuten Zeit? Gehen wir in die Kantine auf einen Kaffee!
– Danke für die Einladung, Mladen! Du hast immer gute Vorschläge. Als ob du meine Gedanken liest!

Zu ihrer Gesellschaft kommt auch Mirjana, Veras Freundin hinzu. Sie ist erst im ersten Jahr und muß sich noch in das Studentenleben einleben (eingewöhnen).

9C

1.
b. Ja sam student njemačkog jezika. **c.** On je student srednjovjekovne povijesti. **d.** Ti si student talijanskoga i francuskog jezika i književnosti.

2.
b. One moraju upisati predavanje iz talijanske književnosti. **c.** Morate upisati predavanje iz povijesti. **d.** On mora upisati predavanje iz francuskog jezika i književnosti.

3.
b. Ja sam u prvom semestru. **c.** Mirjana i njezina prijateljica su u trećem semestru.

4.
b. Ona govori jako dobro hrvatski. **c.** Mi govorima jako dobro njemački. **d.** Oni govore jako dobro talijanski.

5.
b. Moj prijatelj govori hrvatski jer je student hrvatskoga jezika i književnosti. **c.** Mi govorimo dobro francuski jer učimo mnogo.

6.
b. Moj brat je u devetnaestoj godini. **c.** Njegova prijateljica je u dvadeset i prvoj godini. **d.** Naša kćerka je tek u sedmoj godini. **e.** Branko je u trideset i prvoj godini.

7.
b. Ona se mora uživjeti u svoj studij. **c.** Moram se uživjeti u njemački jezik. **d.** On se mora uživjeti u dosadne teme.

8.
b. ... vremena. **c.** ... vremena ...?

9.
a. Ja sam student njemačkoga jezika i književnosti. Trenutačno sam u petom semestru. Svaka godina ima dva semestra. To znači da sam već na (u) trećoj

godini. **b.** Govorimo jako dobro hrvatski jer učimo mnogo. **c.** On nema mnogo vremena jer mora ići u grad danas poslije podne. **d.** Ona mora upisati seminar iz povijesti. To je dosadna tema. **e.** Razgovaram (se) sa svojim kolegama o njemačkoj književnosti i povijesti. **f.** Još ne slušam ovo predavanje jer moram još sastaviti raspored sati. **g.** Ona se mora još uživjeti u studentski život jer je tek u prvom semestru. **h.** Seminar iz njemačke povijesti upisat ću tek u trećem semestru. **i.** Mi smo marljivi i posjećujemo sva predavanja i seminare.

10A

Sommerferien

In der Kantine der philosophischen Fakultät sitzen Vera, Mirjana und Mladen. Nach dem langweiligen Gespräch über das Studium, Vorlesungen und Seminare hat Mladen mit dem Gespräch über die Sommerferien begonnen:

– Wo warst du während der Sommerferien, Vera?
– Du wirst es nicht glauben! Ich habe keinen Schritt von zu Hause getan. Ich habe meine Prüfung vorbereitet und den Eltern geholfen. Ich muß zugeben, ich war fast jeden Tag kurz am Strand. Unser Haus ist nur wenige Meter vom Badestrand entfernt. Das Wetter ist schön und sonnig gewesen, aber ich hatte zu viele Probleme mit der Prüfung. Ich habe jeden Tag lernen und an die Prüfung denken müssen. So habe ich mich schlecht erholt.
– Ich habe gedacht, daß die Leute am Meer immer Ferien haben. In Zagreb ist es im Sommer heiß, die Luft ist verschmutzt von Benzin. Wir müssen zum Meer fahren, wenn wir uns erholen wollen.
– Ich glaube es. In dieser Hinsicht hast du recht. Und wo warst du?
– Ich? Na, siehst du, ich bin auch zu Hause geblieben. Zu viel Arbeit, Studium, Prüfungen ...
– Oh, armselig ist das Studentenleben! Ich habe nicht gewußt, daß die Studenten so wenig Zeit haben.
– Und was macht ihr während des Semesters? Warum bereitet ihr eure Prüfungen nicht rechtzeitig vor?
– Ich habe das Abitur rechtzeitig abgelegt und bin zwei Wochen auf einer Abiturreise in Dubrovnik gewesen.
– Ja, ja, Mirjana! Du hast recht, nur fürchte ich, daß auch du deine Meinung schnell ändern wirst.

Die Mittagszeit ist näher gekommen. Die Studenten gehen in die Mensa.

10C

1.
b. On je bio danas ... **c.** Ona je bila za vrijeme ... **d.** Njegov sin je bio ... **e.** More je bilo mirno. **f.** Gdje je bila ...? **g.** Ti si bio ... **h.** Mi smo bili ... **i.** Gdje su bili ...? **j.** Njegova majka je bila ... **k.** Niste li danas bili ...? **l.** One su bile ... **m.** Zašto si bila umorna?

2.
b. Danas je bila u kinu (Bila je danas u kinu). **c.** Bilo je umorno. **d.** Danas smo bile u lovu. **e.** Danas ste bile pijane. **f.** Danas ste bili umorni.

3.
b. Jučer nije bila u gradu. **c.** Nismo bili u Zagrebu. **d.** Zašto nisi bio ...? **e.** Vi niste bili ...

4.
b. Ne, ti nisi bila ... **c.** Ne, mi nismo bile ... **d.** Ne, on nije bio ...

5.
b. Danas nije imala vremena. **c.** Danas su imali ... **d.** Imale su ... **e.** Jesi li imao ...? **f.** Jeste li imali ...?

6.
b. Htjela je svoju knjigu. **c.** Htjeli smo ... **d.** Htjele su čaj. **e.** Mladen nije htio jagoda jer nije bio gladan. **f.** Je li Vesna htjela ...? **g.** Zašto nisi htio doći ...?

7.
b. Zašto se niste odmorili? **c.** Jesu li se one odmorile na moru? **d.** Vi se niste odmorili jer ste morali raditi.

8.
b. One se odmaraju ... **c.** On se odmara ... **d.** Mi se odmaramo ...

9.
b. Škola je počela ... **c.** Zašto nisi počeo raditi? **d.** Kad je započeo ...?

10.
b. Zašto i ti nisi spremao ...? **c.** One su spremale ... **d.** Njegova majka je spremala ručak, a otac se spremao ... **e.** Vera i Mirjana su se spremale ... **f.** Ona nije spremala ...

11.
b. Ona je pomagala ... **c.** Zašto one nisu pomagale ...? **d.** Vi niste pomagali ...

12.
b. Zašto je morala ...? **c.** Nismo li morali ići ...? **d.** One su morale ... **e.** Ti si morao učiti njemački. **f.** Brodar je morao čekati ...

13.
b. Ona je mislila da je on bio pijan. **c.** Mi smo mislili ... **d.** One su mislile ...

14.
b. Ona je ostala kod kuće ako su to htjeli ... **c.** Ostali su pri tome.

15.
b. Kako si znao ... **c.** Ona je znala ...

16.
b. Nismo se ni pomakli ... **c.** Brodovi su se pomakli ... **d.** Zašto se niste pomakli ...

17.
a. Za vrijeme ljetnih praznika spremala je ispite. Pomagala je također svojoj majci. Gotovo (skoro) svaki dan bila je kratko na plaži. **b.** Mislio je da je njegova prijateljica kod kuće. Ali nije znao da je ona morala ići na sveučilište. **c.** Ako se hoću odmoriti, moram ići na more jer je kod nas zrak prljav (zagađen). **d.** Za vrijeme semestra imao sam previše posla. Uvijek sam morao ostati kod kuće. **e.** Krenuli smo rano ujutro, pri izlasku sunca. **f.** Gdje ste bili za vrijeme praznika? **g.** Jesi li spremio svoje ispite?

11A

Picknick

Die Ausflügler haben das Schiffchen verlassen, mit dem Schiffsbesitzer die Rückkehrzeit vereinbart und haben sich auf einem schmalen Pfad zu einem Wald hin begeben, vom Hafen einige Kilometer entfernt. Sie haben geglaubt, daß sie dort eine Lichtung mit großen Bäumen und trockenem Geäst für das Feuer finden werden. Nach kurzer Zeit haben sie einen günstigen Platz ausfindig gemacht und sich hingesetzt. Jasna hat sich unter einen Baum auf das Gras hingelegt, weil sie müde war. Alle wußten sie, daß es im Sommer gefährlich ist, das Feuer anzumachen und waren deshalb vorsichtig. Die Getränke und das Brot haben sie in den Schatten gelegt, damit sie nicht schlecht werden und haben mit den Vorbereitungen angefangen:

– Branko, kannst du mir bitte etwas von dem trockenen Geäst holen, damit ich das Feuer anmachen kann? – ruft Nada gut aufgelegt (aus).
– Natürlich, (hier ist es) gleich! Ist das hier gut?
– Jawohl, es ist gut!

Sie haben alle bei den Vorbereitungen geholfen, weil sie schon hungrig und durstig wurden.

Milka und Slavica haben einen kleinen Tisch und einige Stühle in den Schatten unter einen Baum (hin)gestellt.

Boris, Branko und Nada sind beim Spieß am Feuer geblieben. Die Gesellschaft hat nämlich beschlossen, daß es besser ist, ein Lamm am Spieß zu braten, als sich mit kleinen Stückchen Fleisch abzumühen. Lammbraten, gut gewürzt und gesalzen ist eine bekannte Spezialität für solche Picknicks.

Alles ist schon gegen neun Uhr vorbereitet gewesen. Die Teller, Gläser und das übrige Besteck haben nicht gereicht, so mußten sie sich mit den Händen bedienen. Für die Mehrheit war das eine normale Sache. Nur Jasna hat eine zu große Flasche genommen, sie hat sich bei der Auswahl des Ettiketts geirrt, – anstatt des Obstsaftes hat sie sich für den Weißwein entschieden –, und so ist sie bei angenehmer Musik und lautem Schreien eingeschlafen.

Gegen acht Uhr abends machten sie sich, alle froh und gut aufgelegt, auf den Weg zum Hafen.

11C

1.
b. Nada nema dobrog prijatelja. **c.** Mi imamo dobru majku. **d.** On ima dobrog sina. **e.** Nada ima dobro društvo.

2.
b. Zadovoljni smo sa crnim vinom. **c.** Zadovoljni smo samo s dobrim vinom.

3.
b. On ide u kino samo sa svojom dobrom prijateljicom. **c.** Ide u kino samo sa svojom lijepom sestrom.

4.
b. On ima dobri rječnik. **c.** On ima veliki rječnik.

5.
b. ... lijepoj školi. **c.** ... malom brodiću.

6.
b. ... malih kuća. **c.** ... dobrih stolica. **d.** ... dobrih vina.

7.
b. ... lijepim prijateljicama. **c.** ... dobra društva. **d.** ... dobrih prijatelja. **e.** ... lijepim ženama. **f.** ... dobre prijatelje.

8.
b. … prijatelja. **c.** … sestre. **d.** … vatre.

9.
b. … stabla. **c.** … stola. **d.** … stolica.

10.
b. Umjesto mesa … **c.** Umjesto vina … **d.** Umjesto prijatelja …

11.
b. Nakon praznika … **c.** Nakon izleta …

12.
b. … stolicu. **c.** … stol. **d.** … vatru. **e.** … rječnik.

13.
b. … šumu. **c.** … vodu.

14.
b. … stablom. **c.** … stolicama.

15.
b. … otoku Cresu. **c.** … moru.

16.
b. … stolicama. **c.** … ražnju. **d.** … travi.

17.
b. Svoje knjige su pronašle pod stolom. **c.** Vi ste pronašli dobro mjesto.

18.
b. Krenuli su … **c.** Krenule su …

19.
a. Izletnici su napustili brodić i uputili se prema šumi. **b.** Nakon kratkog vremena (pro-)našli su zgodno mjesto i posjedali. **c.** Piće i kruh stavili smo u hladovinu pod jednim stablom (ispod jednog stabla). **d.** Vesna je umjesto voćnog soka pila vino pa je pri glasnim povicima zaspala na travi. **e.** Kada ste ogladnjeli i ožednjeli? **f.** U osam sati pred večer krenuli smo prema luci.

12A

Im Theater

– Mirjana, warum bist du gestern abend nicht gekommen? Wir haben auf dich bis acht Uhr vor dem Studentenzentrum gewartet und danach sind wir ins Theater gegangen. Wir konnten nicht länger warten, weil die Vorstellungen gewöhnlich um Viertel nach acht anfangen.

– Es tut mir leid! Ich wußte nicht, daß ihr ins Theater gehen werdet. Bei einer anderen Gelegenheit werde ich versuchen, pünktlicher zu sein. Nun, es ist nicht meine Schuld. Ich bin mit der Straßenbahn losgefahren. Es ist ein Verkehrsunfall passiert. Ich mußte ein Taxi nehmen. Als ich zum Studentenzentrum kam, wart ihr nicht mehr da.
– Wir haben auch nicht gewußt, daß wir ins Theater gehen werden, aber so hat es sich im letzten Augenblick ergeben.
– Was für ein Stück habt ihr gesehen?
Ich habe gehört, daß schon einige Tage eine Tragödie gespielt wird.
– Oh, nein, nein. Wir waren gestern abend nicht für tragische Spiele aufgelegt. Das Programm hat sich unerwartet aus technischen Gründen geändert. Wir haben uns die Komödie „Dundo Maroje“ von Marin Držić angesehen. Es war sehr lustig.
– Schade! Schade, daß wir uns nicht getroffen haben. Ich war sehr bedrückt. Ich habe euch lange auf dem Marktplatz und auf den Straßen gesucht. Ich konnte nicht einmal denken (ahnen), daß ihr ins Theater gegangen seid.
– Und warum warst du traurig?
– Ich weiß es selbst auch nicht. Jedenfalls hatte ich ein wenig Spaß, Humor und Lachen notwendig. Natürlich auch eure Gesellschaft ...
– Ach ja! Das werden wir alles nachholen.
Übrigens, was haltet ihr davon? Gehen wir auch heute abend ins Theater? Heute abend wird auch eine Komödie gespielt, nur weiß ich nicht wie sie heißt.
– Gehen wir, gehen wir! Warum nicht? Morgen ist Samstag.

12C

1.
b. ... pred studentskim centrom. **c.** ... pred filozofskim fakultetom. **d.** ... pred kinom.

2.
b. ... kupalištu. **c.** ... kupalištu. **d.** ... seminaru. **e.** ... fakultetu. **f.** ... trgu.

3.
b. ... tramvajem. **c.** ... brodićem. **d.** ... vlakom.

4.
b. Bile su ... **c.** Bili smo u kazalištu a zatim u kinu. **d.** Zašto niste bili u kazalištu?

5.
b. Njegovi brodići su čekali izletnike. **c.** Njegovi prijatelji imaju ... **d.** Oni su čekali svoje prijatelje ... **e.** One su bile sa svojim prijateljicama ...

6.

b. Zašto nećeš ići …? **c.** One će krenuti … **d.** Mi nećemo moći danas ići na izlet jer ćemo spremati …

7.

b. Zašto niste pozvale svoje sestre …? **c.** Doći ćemo u kino ako pozovete svoju braću. **d.** Zašto ne pozovete i svoju rodbinu?

8.

b. Došli su … **c.** Došle su … **d.** Mi smo došli …

9.

b. … dođe. **c.** … dođem. **d.** … dođu.

10.

b. Moji prijatelji su pošli … **c.** One su pošle … **d.** Mi smo pošli …, a nismo se mogli sjetiti …

11.

b. Nismo mogli doći k tvojim roditeljima jer smo bili u kinu. **c.** Nisam mogla doći na piknik jer je mjesto sastanka bilo daleko. **d.** Mirjana nije mogla doći jer nije bilo auta kod kuće.

12.

a. Vi ste već u 5 sati otišli na Cres. Zašto niste mogli čekati duže svoje prijatelje? **b.** Žao mi je, ali nisam znao da je ona morala uzeti taksi. **c.** Otišli smo u kazalište već u 8 sati jer nismo znali kada komad počima. **d.** Ja nisam bila kriva, ali ću drugom prilikom pokušati biti točnija – kaže Mirjana. **e.** Mi smo išli autima u grad: Ja sa svojim, a moj prijatelj sa svojim. **f.** Knjiga njegove majke nalazi se kod kuće na stolu.

Test 2

A.

a. 4; **b.** 2; **c.** 3; **d.** 1; **e.** 3;

B.

a. 4; **b.** 3; **c.** 2; **d.** 2; **e.** 1;

C.

a. 6; **b.** 5; **c.** 4; **d.** 2; **e.** 3; **f.** 1;

D.

a. 2; **b.** 3; **c.** 1; **d.** 4;

E.

a. 2; **b.** 3; **c.** 1;

F.

a. 4; **b.** 3; **c.** 5; **d.** 2; **e.** 1;

G.

a. 4; **b.** 3; **c.** 2; **d.** 2; **e.** 1; **f.** 3; **g.** 1;

H.

a. 3; **b.** 2; **c.** 4; **d.** 5; **e.** 1;

I.
a. 3; **b.** 4; **c.** 5; **d.** 2; **e.** 1;

J.
a. 2; **b.** 3, 7, 1; **c.** 4; **d.** 5, 6;

K.
a. 3, 1; **b.** 2, 4; **c.** 6, 5; **d.** 7; **e.** 8;

L.
a. 3; **b.** 1; **c.** 2; **d.** 4; **e.** 5; **f.** 6;

M.
a. 4; **b.** 2; **c.** 5; **d.** 3; **e.** 1;

N.
a. 1 oder 2; **b.** 3; **c.** 3; 1, 2;

O.
a. 3; **b.** 1 oder 2; **c.** 1, 2;

P.
a. 1; **b.** 2; **c.** 3;

Q.
a. 2 oder 4; **b.** 2 oder 4; **c.** 5; **d.** 6; **e.** 1;

R.
a. 2; **b.** 3; **c.** 1;

S.
a. 4; **b.** 3; **c.** 2; 1; **e.** 5; **f.** 6;

T.
a. 3; **b.** 2 (oder 7); **c.** 1; **d.** 5; **e.** 4; **f.** 7; **g.** 6; **h.** 8 (oder 9); **i.** 9;

U.
a. 3; **b.** 2; **c.** 1; **d.** 5; **e.** 4, 5;

V.
a. 4; **b.** 5; **c.** 4; **d.** 3; **e.** 1, 2; **f.** 1 oder 5;

W.
a. 3; **b.** 2, 1; **c.** 4; **d.** 5;

X.
a. 4, 1; **b.** 3, 2;

Y.
a. 3; **b.** 4; **c.** 2, 1; **d.** 5; **e.** 6; **f.** 8; **g.** 7;

Z.
a. 2; **b.** 1; **c.** 3 oder 4; **d.** 3 oder 4; **e.** 1;

13A

Abfahrt

– Geh mir aus dem Weg, Vesna! Siehst du nicht, daß du mich störst?
– Ich stehe ja nicht dir im Wege! Du störst mich! Siehst du nicht, daß ich mich auch vorbereiten muß?
– Sei ruhig, Vesna! Du bist kleiner, du brauchst nicht so viel Platz! – mischt sich die Mutter ein.
– Sieh, ich bitte dich! Ich bin kleiner! Das heißt, daß ich so schmutzig zum Besuch bei meiner Großmutter und bei meinem Großvater gehen kann, oder?
– Beruhige dich, Vesna! Sei brav! Vater hat es nicht so gemeint!
– Dann soll er sich entschuldigen, wenn er es nicht so gemeint hat! Ich weiß nicht, was und wie er denkt.
– Oh! Verzeihen sie Fräulein! Ich wußte nicht, daß ich sie so beleidigt habe!
– Mama! Er spottet noch mit mir! Bring es ihm bei, wie man sich anständig benimmt!
– Er macht Spaß, Vesna! Wieso bist du heute so empfindlich?

– Vesna, sei so liebenswürdig und bring mir die Schuhe und die Strümpfe aus dem Flur, und die Krawatte kannst du mir auch bringen; das Geld ist auch im Zimmer im Schrank und ...
– Und was noch?
Die Mutter soll es dir holen, wenn ihr euch schon so gut versteht!
Vesna, bring mir dies, bring mir jenes, Vesna geh mir aus dem Weg, Vesna sei anständig!
Wollt ihr noch etwas von mir?
Laßt mich in Ruhe!
Ich habe auch meine Arbeit.

So hat sich die Mutter bei Vesna in einen schlechten Ruf gebracht, Vesna wiederum beim Vater, so daß sie sich bei der Abfahrt in den Wagen gesetzt und vom Hause entfernt haben, ohne ein Wort zu sagen.

Erst bei der Ankunft hat Vesna eingesehen, daß sie an allem schuld ist und hat sich entschuldigt und mit der Mutter und dem Vater versöhnt.

13C

1.
b. Pa idite, ako ste umorne! **c.** Pa idi, ako si umorna! **d.** Pa idite, ako ste umorni! **e.** Pa neka ide, ako je bolestan! **f.** Pa neka ide, ako je već kasno! **g.** Pa neka idu, ako je ovdje dosadno! **h.** Pa neka idu, ako je tamo svjež zrak!

2.
b. ...? Neka bude mirna. **c.** ...? Neka bude dobar. **d.** ...? Budi dobar. **e.** ...? Neka budu dobre. **f.** ...? Budite dobre. **g.** ...? Budimo mirni.

3.
b. Zašto ona čita roman? Neka čita gramatiku. **c.** Zašto čitaš kriminalne romane? Čitaj njemačku gramatiku. **d.** Zašto čitamo novine? Čitajmo knjige za naš studij. **e.** Zašto čitate uvijek dosadne knjige? Čitajte zanimljive knjige.

4.
b. Neka ima. **c.** Neka imaju. **d.** Neka imaju.

5.
b. Neka vidi tamo u sobi. **c.** Neka vidi tamo u sobi. **d.** Vidi tamo u sobi.

6.
b. Smetajte i Vi meni. **c.** Smetajte i Vi meni.

7.
b. Bojiš me se. **c.** Boji ga se. **d.** Boji me se. **e.** Boji ga se. **f.** Bojim vas se. **g.** Bojiš nas se. **h.** Bojimo ih se.

8.
b. Daješ mi knjigu. **c.** Pišem ti pismo. **d.** Rekao sam mu da dođe. **e.** Rekla sam ti da sam bolesna. **f.** Rekao sam joj ... **g.** Pisao sam joj pismo. **h.** Rekao sam vam ... **i.** Kupili ste nam poklone. **j.** Dali smo im svoj radio. **k.** Rekao sam im ...

9.
b. Rekla je da te je vidjela ... **c.** Mislim da sam te vidio u ... **d.** Vidio sam ga ... **e.** Nisam je danas uopće vidio. **f.** Pitao sam vas ... **g.** Posjetio nas je danas naš brat. **h.** Pitao sam ih ... **i.** Pitao sam ih ...

10.
b. ... njemu. **c.** ... njoj. **d.** ... tebi ... **e.** ... vama. **f.** ... nama. **g.** O njima ... **h.** ... njima.

11.
b. Nisam bio sam, bio sam s njima. **c.** Ne ide sam, ide s nama. **d.** Nisam bio s njim, bio sam s vama. **e.** Ne idem s tobom, idem s njim.

12.
b. Jesu li to tvoje (vaše) knjige? **c.** Vidjeli smo te (vas) ... **d.** Dali smo ti (vam) ... **e.** O vama ...

13.
b. Tko je bio ...? Kad je on bio na ...? Gdje je on bio jučer? **c.** Tko je bio ...? Kad smo bili u kazalištu? Gdje smo bili prije dva dana? **d.** Tko je od jučer ...? Kad su moji roditelji u Zagrebu? Gdje su moji roditelji od jučer do danas? **e.** Tko je bio za vrijeme ...? Kad su bili moji prijatelji na maturalnom putovanju u Dubrovniku? Gdje su bili ... putovanju? **f.** Tko mora ostati sutra kod kuće? Kad moramo ostati ...? Gdje moramo ostati sutra?

14.
a. Oprostite, možete li mi reći gdje je kazalište? **b.** Budi miran! Tebi ne treba (ti ne trebaš) tako mnogo mjesta. **c.** Budite tako ljubazni i donesite mi (pa mi donesite) čašu vode. **d.** Više se bojim nje nego njega. **e.** Njemu sam dao knjigu, a ne tebi. **f.** Hoćeš li ići večeras sa mnom u kino ili kazalište? **g.** Jučer sam bio s njom na plaži. **h.** Tvoji prijatelji su pričali jako mnogo o tebi. **i.** Ja sam je vidio jučer s njim na ulici. (Vidio sam je jučer ...) **j.** Neka ti on donese tvoje čarape, ja nemam vremena. **k.** Bježi (Idi) mu s puta! Ne vidiš li (Zar ne vidiš) da mu smetaš? **l.** Već sam Vam rekao da je moj prijatelj bolestan.

14A

In Markos Zimmer

Marko und Stjepan sind heute wegen des schlechten Wetters zu Hause geblieben. Sie wollten in den Zoo gehen, aber plötzlich hat es angefangen zu regnen.
Der starke Gewitterregen hat sich zwar schnell gelegt, aber es regnete noch weiter. Die Straßen und Gassen waren voll Wasser, so daß Marko und Stjepan sich entschlossen haben, in der Wohnung von Markos Eltern zu bleiben. Sie haben sich in Markos Zimmer zurückgezogen und konnten ungestört Musik hören.

Marko hat viele Schallplatten. Einige hat er sich selbst gekauft, viele hat er von seinen Eltern geschenkt bekommen, und einige hat er sich sogar von seinen Freunden geliehen.
Marko studiert Musik und hat viele klassische Platten.
Sein Freund Stjepan versteht sich schlecht auf klassische Musik. Ihm gefallen mehr moderne Schlager und am meisten irgendwelche Rhythmen und Beat ohne Text.

Marko wollte sich gerade eine Sinfonie von Beethoven anhören, aber Stjepan wollte ihm seine Absicht ausreden:

– Leg doch nicht diese Platte auf, ich bitte dich! Du weißt, daß ich kein großer Liebhaber der klassischen Musik bin. Ich schätze zwar dein Fach, aber du weißt, wie es ist. Ich wollte mich ein bißchen zerstreuen, beruhigen. Dieses Getöse geht mir auf die Nerven.
– Ich dachte, daß die klassische Musik beruhigt, und daß diese unharmonischen Rhythmen und das atonale Trommelschlagen gerade auf die Nerven geht. Das beleidigt ja jedes einigermaßen geschliffene Musikgehör.
– Ärgere dich nicht, Marko! Ich wollte sagen, daß diese Sinfonien größere Konzentration verlangen, und ich bin zu zerstreut.
– Wenn du schon zerstreut bist, warum willst du dich noch mehr zerstreuen?
– Ich wollte mich nicht in dem Sinne zerstreuen, sondern ...
– Du weißt selbst nicht, was du willst. Wenn du dich beruhigen willst, nimm klassische Musik, und wenn du dich zerstreuen willst, nimm dort vom Regal moderne Platten. Sie gehören meinem Bruder. Ihr beide seid gleich.
– Das macht nichts! Dann wollte ich mich doch zerstreuen!

14C

1.

b. Vera, ne daj ...! **c.** Ne idite ...! **d.** Nemoj ih pustiti na miru! **e.** Neka ona ne dođe. **f.** Neka oni ne dođu ako ne mogu!

2.
b. Nemoj se ljutiti! Ne ljuti se! **c.** Nemojte se ljutiti! Ne ljutite se! **d.** Neka se ne ljute! **e.** Nemojmo se ljutiti! Ne ljutimo se!

3.
b. Nemojmo, ostanimo kod kuće! **c.** Nemojte ići s … **d.** Nemoj ići na posao, bolestan si! **e.** Nemojte ići u grad, kiša pada!

4.
b. Zbog lošeg ispita nije mogla … **c.** Zbog loših rezultata nakon drugog semestra …

5.
b. … njegov je još veći. **c.** … njezina je još veća. **d.** … ono tamo je još veće. **e.** … naše je još veće. **f.** … njegovi su još veći.

6.
b. To su očevi prijatelji. **c.** To je očeva kuća. **d.** To je očev auto. **e.** To su bratove ploče. **f.** To je sestrin prijatelj.

7.
b. … s očevim prijateljima. **c.** … bratovim autom. **d.** … očeve prijatelje i kolege.

8.
b. … ja imam više, a ti imaš najviše. **c.** … Vi morate više, a oni moraju najviše učiti. **d.** … on ima više, a ja imam najviše.

9.
b. Zbog lošeg mora nismo … **c.** Zbog lošeg vina dva dana …

10.
b. Zbog njega sam zakasnio … **c.** Zbog nas se jako ljutio. **d.** Zbog nje smo čekali do devet sati. **e.** Zbog prometne nezgode otišli smo kući.

11.
b. Ti se ne razumiješ u tu muziku. **c.** Vi se ne razumijete u te stvari.

12.
b. Moja je ona tamo. **c.** Vaše su one tamo. **d.** Njihove su one tamo.

13.
b. Tko je morao ostati …? Gdje je Vera morala ostati zbog …? Zašto je Vera morala ostati u Zagrebu? **c.** Tko je ostao u kavani? Gdje je on ostao? Zašto je on ostao u kavani? **d.** Tko je ostao na fakultetu? Gdje smo mi ostali? Zašto smo ostali na fakultetu? **e.** Tko je ostao u Markovom stanu? Gdje su prijatelji ostali? Zašto su prijatelji ostali u Markovom stanu?

14.

a. Mislim (vjerujem) da nije mogao doći zbog lošeg vremena. **b.** Otišla je kući jer se ne razumije u klasičnu muziku. **c.** Nada, daj mi onu knjigu sa stola! **d.** Mnoge (gramofonske) ploče sam si kupio, a neke sam iznajmio od svojih prijatelja. A ove ovdje su očeve. **e.** On misli da ima više ploča nego ja. **f.** Ostali su u Markovoj sobi jer je počela padati kiša. **g.** Neka ne ide na posao. Bolestan je. **h.** Ne idi danas u školu, ostani kod kuće! **i.** Nemojte se ljutiti (ne ljutite se)! Nisam tako mislio. **j.** Zadovoljan je s Nadinim poklonom. **k.** Idem sada na piknik, kaže Mladen. Ne idi! (Nemoj ići!) Ostani ovdje sa mnom! – kaže mu Mirjana.

15A

Lotto

– Hör zu, Branko! Warum könnten wir nicht auch Lotto oder Sportprognose spielen? Was denkst du darüber? Ich habe in einer Zeitung gelesen, daß jede Woche jemand auf diese Weise Millionär wird und daß es auch viele Leute gibt, die zwar keine Millionenbeträge gewinnen, aber ziemlich reich werden. Sie kaufen sich Sportwagen, Wochenendhäuser am Meer, Motorboote und verschiedene andere luxuriöse Sachen.
Na, was sagst du dazu? Würde es sich nicht lohnen?

– Ich weiß, Nada, daß es sich lohnen würde, wenn ich wüßte, daß wir auch unter jenen Glücklichen sein werden, die jede Woche Millionäre werden.

– Nein, nein! Das sind ja nicht immer dieselben!

– Natürlich sind es nicht immer dieselben! Das ist mir klar. Es ist mir aber nicht klar, daß es nie geschieht, daß jemand im Lotto gewinnt, der mir bekannt ist. Ich habe so viele Bekannte und alle spielen Lotto oder Sportprognose, es ist aber noch keiner glücklich geworden.

– Wenn sie spielen könnten, würden sie vielleicht gewinnen!

– Nada, das kann man nicht können! Das ist ein sehr großer Zufall. Bei solch einer Zahl an Möglichkeiten und Kombinationen ist die Wahrscheinlichkeit fast gleich Null.
Und was würdest du übrigens mit so viel Geld machen?

– Ich weiß es nicht! Darüber habe ich noch nicht nachgedacht. Höchstwahrscheinlich würde ich vor großer Überraschung einen Herzschlag bekommen, oder ich würde vor allzu großem Glück verrückt werden.

– Na, siehst du! Es ist besser, wenn du kein Lotto spielst!

– Und was würdest du tun, wenn du im Lotto gewännst?

– Ich? Ich glaube nicht, daß ich verrückt würde, weil ich auch leichtfertig hoffen würde, alle Treffer zu haben, so wie es auch die anderen erhoffen, so glaube ich, daß mich das nicht überraschen würde.
– Tatsächlich könnten wir auch anfangen Lotto zu spielen. Wir sind vielleicht doch nicht so glücklos! Was meinst du?

15C

1.
b. Kad bih imala ..., kupila bih ti ... **c.** Kad bih igrala ..., možda bih postala ... **d.** Kad bih mogla ..., rado bih Vas posjetila. **e.** Kad bih bila sretna, igrala bih loto. **f.** Kad bih htjela, došla bih ...

2.
b. Kad bi one smjele, poklonile bi ... **c.** Kad bi oni smjeli ..., ne bi ostali ... **d.** Kad bi one bile inteligentne, mogle bi ... **e.** Kad biste vi htjele, mogle biste ... **f.** Kad bismo znali ..., rekli bismo ti.

3.
b. Sigurno bi mi poklonila ... kad bi imala novaca. **c.** Pozvala bi ga večeras ... kad bi on htio. **d.** Došli bismo večeras k Vama kad biste bili kod kuće. **e.** Išla bi ... kad bi imala slobodnog vremena. **f.** ... kad ne bi bilo loše vrijeme.

4.
b. Kad ne bih imao (imala *f.*) premalo vremena, mogao bih (mogla bih *f.*) ići u kazalište. **c.** Kad on ne bi imao malo novaca, mogao bi ti kupiti ... **d.** Kad ne bi bila bolesna, mogla bi ići ... **e.** Kad more ne bi bilo uzburkano, mogli bismo ići ...

5.
b. Kad bi ona znala da niste kod kuće, ne bi Vas posjetila. **c.** Kad bih vjerovao da je more uzburkano, ne bih išao ... **d.** Kad bismo znali da će ..., ne bismo išli ... **e.** Kad bi ona znala da neće položiti maturu, ne bi išla na ...

6.
b. Kad bih imao vremena! **c.** Kad bi mogao ići na izlet! **d.** Kad bismo mogli položiti ispite! **e.** Kad bi ona došla! **f.** Kad bih znao gdje je ona! **g.** Kad bismo znali gdje je ostala!

7.
b. Da je lijepo vrijeme, ... **c.** Da znamo ... **d.** Da je ona ... **e.** Da mogu ... **f.** Da ga ona nazove, ... **g.** Da nas slušaš, ...

8.
b. ... da znam ... **c.** ... da zna ... **d.** ... da slaviš ...

9.
b. Tko bi došao na plažu? Kamo bi on došao? Pod kojim uvjetom bi on došao na plažu? **c.** Tko bi išao na šetnju? Kamo bi one išle? Pod kojim uvjetom bi one išle na šetnju? **d.** Tko bi išao na izlet? Kamo bismo mi išle? Pod kojim uvjetom bismo mi išle na izlet? **e.** Tko bi došao na piknik? Kamo bismo mi došli? Pod kojim uvjetom bismo mi došli na Vaš piknik? **f.** Tko bi išao s nama na fakultet? Kamo bi ona išla s nama? Pod kojim uvjetom bi ona išla s nama na fakultet?

10.
a. Kad bismo večeras imali vremena (Da večeras imamo vremena), rado bismo išli s vama u kazalište. **b.** Rado bih je posjetio kad bih znao (da znam) da je ona bolesna. **c.** Kad bih mogao (Da mogu), došao bih na tvoj rođendan. **d.** Mi bismo mu mogli pomoći kad bi htio doći večeras k nama. **e.** Zašto ti ne bi mogao danas ostati kod kuće? **f.** S ovim ljudima ne bih mogao ići na izlet. **g.** Kad bi on imao vremena (Da on ima vremena), rado bismo išli njegovim novim autom u grad. **h.** Ove novine ne bih mogao čitati jer su jako dosadne.

16A

Ein Brief

Zagreb, den 15. Juli 1980

Lieber Boris,

Es sind schon einige Tage vergangen, seitdem ich in Zagreb angekommen bin. Verzeih mir, daß ich mich nicht früher gemeldet habe. Ich muß gestehen, daß es mir während der ersten zwei bis drei Tage sehr schwer war, alles in allem aber auch interessant.

Vom Zagreber Flughafen habe ich den ersten Bus genommen, der zum Zentrum fuhr. Ich bin am Hauptbahnhof angekommen und dann mußte ich in die Straßenbahn umsteigen, weil das die letzte Haltestelle war. Ich mußte nämlich die Straßenbahn nehmen, die in Richtung Sava fährt. Alles wäre in Ordnung gewesen, wenn ich nicht alle Hände voll von Gepäck gehabt hätte; einen Koffer, zwei Reisetaschen und die Handtasche. Du kannst Dir vorstellen, wie ungeschickt ich aussah.

Zu meiner Überraschung fanden sich viele Leute, die mir die Straßenbahn zeigten, meine Sachen trugen und mir ausführlich und mit viel Geduld erklärten, wo ich aussteigen muß und wie ich am leichtesten zum Studentenheim „Nova Sava“ komme.

So habe ich mich an diesem Nachmittag mit noch zwei Kolleginnen einquartiert: mit einer aus Frankreich und der anderen aus Schweden.
Sie sprechen kein Deutsch, und ich spreche auch sehr schlecht Französisch und noch schlechter Schwedisch, so daß wir gleich angefangen haben, uns auf Kroatisch zu verständigen. Anfangs war unsere Konversation ziemlich spärlich, aber schon nach kurzer Zeit haben wir uns sehr gut unterhalten.

Am folgenden Morgen gingen wir zusammen an die philosophische Fakultät, um uns für den Kurs der kroatischen Sprache eintragen zu können, wie es in unserem Programm vorgesehen war.

Dort haben wir uns mit den anderen Studenten aus dem Ausland getroffen. Wir waren an die hundert. Dort habe ich Bekanntschaft gemacht mit vielen Studenten und Studentinnen aus Italien, Dänemark, England, Österreich, Spanien und aus vielen anderen Ländern.
Wir haben uns in Gruppen zu je zehn Personen eingeteilt und haben gleich, nach dem Einleitungsvortrag, mit der intensiven Arbeit begonnen.
Während der ersten Tage war es für uns alle ziemlich anstrengend, wir haben uns aber sehr schnell an die Aussprache gewöhnt und von Tag zu Tag immer besser verständigt. Die Konversation wurde immer interessanter. Am interessantesten war die Verständigung zwischen uns Studenten, weil wir so eingeteilt wurden, daß es in keinem Kurs Teilnehmer derselben Nationalität gab.

Die Vorträge und die Übungen haben wir jeden Tag von 8 bis 12 außer samstags und sonntags. Samstags und sonntags sind wir frei, d.h. wir gehen ins Kino, ins Theater, wir besichtigen die Stadt oder machen Ausflüge in die benachbarten Orte.
Mir gefällt besonders die Altstadt mit ihren schmalen Gassen, vereinsamten Plätzen und romantischen Parks.

Anfang August beabsichtigen wir eine Studentenexkursion nach Zadar zu machen. In Zadar würden wir nur zwei bis drei Tage bleiben, und danach würden wir uns nach Dubrovnik, der alten Stadt der Freiheit und der Kunst, begeben.
Dort werden wir eine Woche bleiben und danach nach Zagreb zurückkehren.
Unser Kurs endet Ende August.
Nach Hause komme ich Mitte September. Ich möchte nämlich noch einige Tage nach dem Kurs in Zagreb bleiben.
Wenn ich zurückkomme, werde ich Dir ausführlicher über meine Erlebnisse und über unsere Arbeit berichten.

Ich denke an Dich und grüße Dich aufrichtig

Deine Ingrid

1.
b. Petkom idem uvijek ... **c.** Nedjeljom idemo uvijek ... **d.** Utorkom ne idemo nikada na predavanja. **e.** Ona je četvrtkom uvijek bolesna. **f.** Ponedjeljkom ne mogu nikada ići ... **g.** Srijedom smo jako zauzeti ...

2.
b. Svake srijede smo na ... **c.** ... jer sam svake subote zauzet. **d.** Svake nedjelje idemo ... **e.** Svakog ponedjeljka ... **f.** Svakog petka uveče ... **g.** Svakog četvrtka mislim ...

3.
b. Ne, ponedjeljkom ne idemo na predavanja. **c.** Ne, nedjeljom ne idem u kazalište. **d.** Ne, srijedom ne idem u školu.

4.
b. Jučer je bio četvrtak. **c.** Prekjučer je bila srijeda. **d.** Sutra će biti nedjelja, a preksutra ponedjeljak.

5.
b. Jučer je bio dvadeset i osmi rujna tisuću devetsto sedamdeset i osme. **c.** Kad sam se ja rodio bio je dvadeset i peti ožujka ... pedeset i šeste. **d.** Kad se ona rodila bio je šesnaesti travnja ... šezdesete. **e.** Kad smo se mi rodili bio je osmi siječnja ... dvadeset i pete.

6.
b. Ja sam rođen dvadeset i osmog travnja ... pedeset i pete (godine). **c.** Moji roditelji su rođeni osamnaestog lipnja ... desete i dvadeset i devetog rujna ... petnaeste. **d.** Moj brat se rodio osmog prosinca ... šezdeset i prve. **e.** Moja sestra se rodila petog studenog ... pedeset i osme.

7.
b. Moj prijatelj Boris rođen je u svibnju ... četrdeset i sedme. **c.** Naš otac je rođen u rujnu ... dvanaeste. **d.** Naša majka je rođena u studenom ... dvadeset i druge. **e.** Moja žena je rođena u listopadu ... pedeset i šeste.

8.
b. Kad sam se vratio kući bilo je jedanaest i dvadeset i pet. **c.** Kad sam ga vidio bilo je točno devet i četrdeset i dvije minute. **d.** On se vraća kući u deset i trideset (u pola jedanaest). **e.** Naš vlak dolazi u jedan sat i dvije minute. **f.** Na predavanja idem u devet i četrdeset i pet (u petnaest do deset).

9.
b. Sad je jedan i dvadeset. **c.** Bilo je dvanaest i petnaest. **d.** ... četiri i trideset i

dvije minute. **e.** ... dvadeset i dva i šesnaest. **f.** ... osamnaest i dvadeset i pet. **g.** ... osamnaest i trideset. **h.** ... jedan i četrdeset i pet (petnaest do dva).

10.
b. ... jednu prijateljicu koju ... **c.** ... jednoj prijateljici koja me je posjetila ... **d.** ... jednoj kolegici koju ...

11.
b. On stanuje s trima. **c.** Bili smo s trima. **d.** Bili smo s četirima.

12.
b. ... Francuskoj. **c.** ... Italiji. **d.** ... Švedskoj, ... Finskoj.

13.
b. ... manja. **c.** ... brži. **d.** ... brža. **e.** ... zanimljivije, ... najzanimljivije. **f.** ... zanimljivijem, ... najzanimljivijem.

14.
a. Ponedjeljkom i srijedom idem uvijek na predavanja, utorkom i četvrtkom ostajem uvijek kod kuće, a subotom posjećujem svoje roditelje (idem u posjet svojim roditeljima). **b.** Svakog petka i (svake) subote idem u kazalište. **c.** Prošle nedjelje išao sam u Zadar sa svojim prijateljima. **d.** U koliko sati dolaziš petkom kući? **e.** Moj posao počima ponedjeljkom i utorkom u osam sati, srijedom i četvrtkom u devet, a petkom tek u deset (sati). **f.** Za vrijeme tečaja stanovala sam s dvjema prijateljicama u studentskom domu. **g.** U našoj grupi bilo je petnaestak ljudi. **h.** Slijedeće subote ide ona ipak u Italiju jer je u Francuskoj bila već jedanput. **i.** Njegov auto je brži od mojega, a onaj mojeg oca je najbrži.

17A

Ein Geschäftsbrief

Nakladni zavod Matice Hrvatske

Ul. Matice Hrvatske 2
YU-41000 Zagreb

Südostbuchhandel KG
Elisabethstraße 28

D-8000 München 40

Zagreb, den 18. Juli 1980

Sehr geehrte Herren,

wir bestätigen den Eingang Ihrer werten Bestellung vom 22. Juni 1980, mit der Sie alle unsere Ausgaben von 1979 und 80 vorausbestellt haben.

Ihre Anschrift haben wir in unsere Kartei aufgenommen, um Sie über unsere weiteren Ausgaben rechtzeitig benachrichtigen zu können.

Die Sendung von 80 Büchern verschiedener Formate, d.h. 40 der neuesten Titel je 2 Exemplare, haben wir Ihnen am 27. Juni zugestellt und hoffen, daß Sie sie schon in bestem Zustand erhalten haben.
Sollten Sie, wider unserem Erwarten, beschädigte Exemplare haben, werden wir diese gerne durch neue ersetzen.

Ihre Bestellung bestätigen wir mit Verspätung, weil wir Ihnen unseren neuesten Katalog für das Jahr 1979/80 zuschicken wollten, der gerade in diesen Tagen ausgedruckt wurde. Den Katalog und unsere Rechnung für die Sendung vom 27. Juni legen wir diesem Schreiben bei. In der Rechnung haben wir Ihnen einen Rabatt von 30% gewährt, der sich je nach der Menge der bestellten Ware ändert und variiert zwischen 25 und 35%.

In der Hoffnung auf weitere Zusammenarbeit und auf Ihr Vertrauen verbleiben wir mit freundlichen Grüßen

Nakladni zavod Matice Hrvatske
Vertriebsleitung

17C

1.
b. Kupit ću ti poklon za rođendan ako budem imao novaca. **c.** Doći će na predavanja ako budu imali vremena. **d.** Položit ćeš ispite na kraju semestra ako budeš učio. **e.** Završit ćemo danas posao ako budemo radili. **f.** One će moći studirati ako ne budu imale previše problema.

2.
b. Ako je sretnem na ulici, pozvat ću je u kazalište. **c.** Ako ne zaboravimo, doći ćemo danas k vama u posjet. **d.** Ako nam kupe sportska kola za rođendan, učit ćemo bolje. **e.** Ako nam ne pošaljete knjige, nećemo Vam platiti račun. **f.** Ako ne primim Vašu pošiljku, ne mogu Vam platiti taj račun.

3.
b. Ako budete kod kuće, doći ćemo k vama. **c.** Ako ona bude na poslu, reći ću joj da si bolestan. **d.** Ako budu u stanu, nazvat ću ih. **e.** Ako bude dobra, kupit ću joj nešto za rođendan.

4.
b. Kome sam kupio poklon? **c.** Koga sam pozdravio? **d.** O kome smo razgovarali? **e.** S kim sam bio u kazalištu? **f.** Koga se boji? **g.** S kim sam pričao o Vama?

5.
b. Čega se boji njegova sestra? **c.** O čemu priča njegov brat? **d.** Čime sam pogodio psa? **e.** Čime je udario o kamen? **f.** Što pijemo rado za vrijeme piknika? **g.** Što je bilo u kovčegu, što u putnim torbama, a što u ručnoj torbici? **h.** Čemu se divimo? **i.** Što je to?

6.
b. Koja stara kola sam mu kupio? **c.** Koju knjigu si je kupio? **d.** Koje more volim? **e.** Kojeg prijatelja sam vidio? **f.** Koji kovčeg i koje putne torbe sam nosio u rukama? **g.** Kojoj prijateljici si rekao da sam bio bolestan? **h.** S kojim bratom si pričao o njegovim problemima? **i.** O kojim prijateljima ste razgovarali? **j.** Kojeg psa se bojiš? **k.** Koji brat mi je to rekao?

7.
b. Čiji je to stol? **c.** Čijim roditeljima si predao pismo? **d.** Čijoj sestri si to pričao? **e.** Čijeg(a) brata si vidio danas na ulici u gradu? **f.** O čijim prijateljima se radilo? **g.** U čijem pismu si to pročitao? **h.** S čijom prijateljicom si išao u grad? **i.** Čijim je sportskim autom došao u Zagreb? **j.** Čijim roditeljima si pisao pismo da je on bolestan?

8.
a. Kupit ću ti lijepi poklon za (tvoj) dvadeseti rođendan ako budem imao novaca i ako ne zaboravim. **b.** On će dobro položiti svoje ispite ako bude učio malo više. **c.** Hoćeš li bolje učiti ako ti kupim knjigu. **d.** Ako večeras budeš kod kuće, rado ću te posjetiti. **e.** Ako budemo išli na izlet, posjetit ćemo (razgledat ćemo) Zadar i Dubrovnik. **f.** O čijim prijateljima ste razgovarali? **g.** Kome si dao moje školske stvari? **h.** O čemu ste razgovarali? **i.** S kojim prijateljima ćeš se danas sresti (Koje prijatelje ćeš danas sresti)? **j.** Usprkos (Unatoč) našem očekivanju nije došao. **k.** Primili smo Vaše pismo (Vaš dopis) od 19. (devetnaestog) svibnja 1977. (tisuću devetsto sedamdeset i sedme). **l.** On sjedi između mojeg(a) prijatelja i tvojeg(a) brata.

18A

Auf einer Exkursion

Sobald die Kurse der kroatischen Sprache zu Ende gingen, unternahmen die Studenten mit ihren Lektoren und Dozenten eine wissenschaftliche Exkursion nach Zadar. Einen Teil ihrer Zeit wollten sie nämlich damit verbringen, indem sie sich auf den Stränden ausruhen und im lauwarmen Meerwasser baden, und den anderen Teil haben sie ihrem wissenschaftlichen Programm gewidmet, wie das Besuchen der Bibliotheken und Kulturdenkmäler, Hören der Vorträge über die kroatische Literatur und Sprache und das Kennenlernen des Volkes und seiner Bräuche.

Als sie in Zadar ankamen, begaben sie sich zum Hotel, welches sich in der Nähe des bekannten Strandes von Zadar, „Borik", befand.

Ihre Zimmer reservierten sie einen Monat vor der Abfahrt, weil sie wußten, daß die Stadt während der Sommersaison voll von Touristen ist.

Als sie ins Hotel eintraten, erfuhren sie, daß sie ein bißchen abwarten müssen, weil einige Gäste gerade ihre Zimmer verließen. Alle setzten sich nacheinander hin wo sie konnten und wollten sich ein bißchen ausruhen, da die Hitze zu groß war. Ingrid und ihre Freundin wollten sich sogar erfrischen und liefen zum Kiosk, welcher gegenüber dem Hotel lag. Sie kauften sich irgendein erfrischendes Getränk, setzten sich auf eine Bank im Schatten, steckten sich eine Zigarette an und vertieften sich in ein Gespräch über ihre Unternehmungen, die sie im Laufe der nächsten Tage zu verwirklichen beabsichtigten. Im spannenden Gespräch verging die Zeit schnell, so daß sie nicht merkten, wie spät es ist.

Als sie ins Hotel zurückkamen, merkten sie, daß der Vorraum nahezu leer ist. Sie gingen zur Rezeption, um zu erfahren, wo ihre Kollegen und Kolleginnen sind. Sie waren überrascht, als sie hörten, daß ihnen bereits ihre Zimmer zugeteilt wurden und daß sie sich wahrscheinlich für den Abendausgang vorbereiten. Ohne über die Formalitäten nachzudenken, die sie erledigen müßten, um ein Zimmer zu bekommen, liefen sie zur Treppe, kehrten aber schnell zurück, da ihnen einfiel, daß sie die Nummern der freien Zimmer nicht kennen und daß sie keinen Schlüssel haben.

Sie waren enttäuscht, als sie an der Rezeption erfuhren, daß alle Zimmer zur West- sowie Süd- und Nordwestseite besetzt sind. Das sind nämlich die Zimmer mit einer romantischen Aussicht auf den Strand und auf das Meer. Es wäre herrlich, nachts bei offenem Fenster zu schlafen und auf die Wellenschläge des schäumenden Meeres zu horchen. Dieses Versäumnis können sie sich in keinem Falle verzeihen.

Sie bekamen ein Zimmer auf der Ostseite im obersten Stockwerk, fast im Dachgeschoß.
Unmöglich! Erdgeschoß und alle etwas tieferen Stockwerke waren schon besetzt.

– Wenn der Aufzug noch kaputtgeht, dann ist unser Versäumnis vollkommen gelungen! – regt sich Ingrid auf.

Ihre Kollegin unterbrach sie, bat sie, sich ein bißchen zu beeilen, damit sie zumindest heute abend unter den ersten sind, da sie sonst noch mehr werden jammern müssen.

18C

1.
b. Pišući pismo, razmišljam ... **c.** Pušeći svoju cigaretu, čita novine. **d.** Radeći pričaju ... **e.** Čekajući autobus, dogovaraju se ... **f.** Gledajući televiziju, spremaju ...

2.
b. Čitajući novine, ... **c.** Sjedeći na klupi i pušeći cigarete, ... **d.** Razmišljajući o našim planovima, ...

3.
b. Ulazeći u hotel, ... **c.** Idući prema stepenicama, ... **d.** Pišući pismo, ...

4.
b. ..., bojeći se da ... **c.** ..., bojeći se da ... **d.** ..., bojeći se da ... **e.** ..., vjerujući da ...

5.
b. Primijetivši da se ... **c.** Ušavši u hotel, ... **d.** Stigavši u Zadar, ... **e.** Vrativši se kući, ... **f.** Sjetivši se da ... **g.** Sjetivši se da ...

6.
b. Došao je u kuću ne rekavši ni jedne riječi. **c.** Došao je k nama ne pozdravivši nas. **d.** Napustio je naše društvo ne rekavši nam zašto ide.

7.
b. Zaboravivši da nas on čeka, ... **c.** Postigavši odlične rezultate u školi, ... **d.** Ne sjetivši se o čem se radi, ...

8.
b. ... za tjedan dana. **c.** ... za godinu dana. **d.** ... pred mjesec dana. **e.** Prije godinu dana ... **f.** ... tjedan dana.

9.
b. Nekome sam je dala, ali ne znam kome. **c.** Nekoga smo vidjeli, ali ne znamo kako se zove. **d.** S nekim sam pričao, ali ne znam kako se zove.

10.
b. Nikoga se ne bojim. **c.** Nikome nismo pričali o vašem pothvatu. **d.** Nikoga nisam sreo. **e.** Ne idem s nikim sutra u kino.

11.
b. ... u gradu jer je morala ... **c.** ... u grad jer bi htjeli ... **d.** u gradu jer ste htjeli ...

12.

a. Jedan dio svojeg(a) vremena turisti su htjeli provesti odmarajući se na plaži. **b.** Sjedeći na klupi u šumi i pušeći cigarete, nisu ni primijetili (primijetile *f.*) da su njihovi prijatelji otišli. **c.** Idući kući sreo sam svojeg brata u gradu. **d.** Vrativši se u hotel, primijetili smo da je predvorje bilo skoro prazno. **e.** Potrčali smo prema stepenicama i ne misleći na formalnosti koje smo morali obaviti da bismo dobili sobu i ključeve. **f.** Trčao je brzo u kino, misleći da će zakasniti. **g.** Moja prijateljica i ja nismo plivali daleko, misleći da ima morskih pasa. **h.** Vratili smo se ne obavivši ništa. **i.** Stigavši prekasno u hotel, nije dobio više sobe. **j.** Vratili smo se iz Dubrovnika prije mjesec dana.

Test 3

A.
a. 7; **b.** 1; **c.** 3; **d.** 8; **e.** 6; **f.** 4; **g.** 2; **h.** 3; **i.** 5;

B.
a. 2; **b.** 1 oder 5; **c.** 3; **d.** 2; **e.** 5; **f.** 4; **g.** 6; **h.** 7; **i.** 7; **j.** 8;

C.
a. 2; **b.** 3; **c.** 1; **d.** 4; **e.** 5 oder 3;

D.
a. 1; **b.** 1; **c.** 3; **d.** 2; **e.** 4;

E.
a. 2; **b.** 1; **c.** 3; **d.** 4; **e.** 6; **f.** 5, 7;

F.
a. 2; **b.** 1; **c.** 3, 5; **d.** 4; **e.** 6;

G.
a. 1; **b.** 1, 1; **c.** 3, 3; **d.** 2; **e.** 2; **f.** 5, 5; **g.** 4, 1;

H.
a. 2; **b.** 1, 3; **c.** 5; **d.** 4; **e.** 7, 6; **f.** 8, 9;

I.
a. 2; **b.** 1; **c.** 3; **d.** 4;

J.
a. 3; **b.** 2, 4; **c.** 2; **d.** 2, 1; **e.** 3;

K.
a. 3; **b.** 4; **c.** 2; **d.** 1; **e.** 5, 6;

L.
a. 2 oder 4; **b.** 1 oder 3; **c.** 3; **d.** 4;

M.
a. 2, 1; **b.** 4; **c.** 3; **d.** 6; **e.** 5;

N.
a. 2; **b.** 1; **c.** 4; **d.** 3; **e.** 5; **f.** 6;

O.
a. 2; **b.** 1; **c.** 4; **d.** 3; **e.** 6; **f.** 5;

P.
a. 3; **b.** 2; **c.** 1; **d.** 4;

Q.
a. 2; **b.** 1; **c.** 4; **d.** 3; **e.** 5; **f.** 6; **g.** 7; **h.** 8;

Abendausgang

Sobald Ingrid und ihre Kollegin in ihrem Zimmer zurechtkamen, warfen sie ihre Sachen aufs Bett und über die Stühle durcheinander, um so schnell wie möglich die verlorene Zeit aufzuholen, ohne daran zu denken, daß sich das an ihnen rächen könnte.
In Eile machten sie sich zurecht, was natürlich verständlich ist, da sie sich zum ersten Mal in dieser neuen und unbekannten Gesellschaft befinden, so daß es kein Wunder ist, daß sie sich in bester Form mit allen positiven Eigenschaften zeigen wollen und gingen auf den Flur, um sich zumindest zu erkundigen, um was für einen Ausgang es sich handelt.

Sie schlossen sich einer kleinen Gruppe an, die sich für die Diskothek entschieden hat. Es blieb ihnen noch ungefähr eine halbe Stunde freie Zeit. Ihre Eile war also überflüssig.

- Siehst du, Ingrid! Wenn wir gewußt hätten, daß wir noch so viel freie Zeit haben, hätten wir uns besser gekämmt. Ich hätte mir sogar mein Haar gewaschen, und du hättest dir deine Schuhe geputzt. Sie sind voll von Staub.
- Jetzt ist es schon zu spät. Ich möchte nicht mehr daran denken. Gehen wir! Irgendwie kommen wir schon zurecht.

Die Diskothek war schon ziemlich voll, es blieb aber doch noch genug Platz für die neuen Gäste.
Sie setzten sich zu je zwei, drei, vier und hin und wieder je fünf Personen an den Tisch, je nachdem wieviele Plätze frei waren.

Die Tänzer haben gleich die neuen Tänzerinnen engagiert. Die Schallplatten wechselten ununterbrochen. Die Musik spielte schnell und laut, von Zeit zu Zeit aber langsam und leise, damit es den Gästen ermöglicht wird, sich auf diese Weise schnell kennenzulernen. Die Lichter gingen an und aus und wechselten dabei ihre Farbe von hellgelb über rot, grün bis dunkelblau. Die Atmosphäre war gemütlich und romantisch. Die Zeit verging schnell. Ihr Abendausgang ging zu Ende, da sie am folgenden Morgen früh aufstehen mußten.

Ingrid machte Bekanntschaft mit zwei jungen Fischern und stellte sie ihrer Kollegin vor. Die beiden waren gutaussehend und nett. Der eine hieß Ivo und der andere Mato. Sie beschäftigten sich mit dem Fischfang als Hobby und erzählten den neuen Kolleginnen über ihr Schiffchen und über den nächtlichen Fischfang. Da Ingrid und ihre Kollegin an solch einem bezaubernden Erlebnis interessiert waren, luden Ivo und Mato sie für den nächsten Abend zum Fischfang ein, und nachdem sie den Treffpunkt vereinbart haben, begleiteten sie sie zum Hotel und wünschten ihnen zum Abschied angenehmen Schlaf.

1.
b. Kad bih znao ... **c.** Kad bih znao ... **d.** Kad bih znala ... **e.** Kad bih smjela ...

2.
b. Da sam znao ..., bio bih došao i ja. **c.** Da sam znao ..., ne bih bio pitao tebe. **d.** Da sam znala ..., bila bih išla i ja s vama. **e.** Da sam smjela, bila bih ti dala svoj auto za večeras. **f.** Da je htjela studirati, bila bi se mogla još upisati. **g.** Da smo učili, bili bismo položili sve ispite. **h.** Da vas je ovaj problem barem malo zanimao, bili biste ga razumjeli.

3.
b. Da sam imao novaca, ... **c.** Da smo znale ... **d.** Da smo znale ... **e.** Da su znali ... **f.** Da sam znala ...

4.
b. Da sam znao gdje ćete se sastati, bio bih vas našao. **c.** Da sam učila, bila bih položila ispite. **d.** Da smo čekale u hotelu, bile bismo dobile slobodnu sobu. **e.** Da sam bio u kinu, bio bih vidio taj film. **f.** Da ste bile na zadnjem predavanju, bile biste razumjele taj problem.

5.
b. ... u grad da bih kupio poklon ... **c.** ... hotelu da bismo se sreli s kolegama ... **d.** ... prijatelje da bi se dogovorili gdje ... **e.** ... kiosku da bismo se osvježili.

6.
b. Vidio sam četvoricu. **c.** Bilo nas je petnaestorica. **d.** Bilo nas je pedesetorica.

7.
b. Bilo ih je petorica. **c.** Bilo ih je trojica. **d.** Bilo ih je petorica.

8.
c. Bilo nas je četvorica. **d.** Bilo nas je troje. **e.** Bilo ih je dvoje. **f.** Bilo ih je šestero.

9.
b. ... petera kola. **c.** ... šestere hlače. **d.** ... troje hlače i četvere čarape. **e.** ... dvoje cipele. **f.** ... troje novine. **g.** ... desetera vrata, ... četvera.

10.
a. Kad bih znao (Da znam) da se moj brat neće vratiti danas, dao bih ti njegova sportska kola za večeras. **b.** Bio bih ti rekao da moraš doći na predavanje da sam imao tvoj broj telefona (kad bih bio imao). **c.** Bili bismo ti kupili poklon za tvoj dvadeset i peti rođendan, ali nismo imali više novaca. **d.** Da smo znali da imamo još tako mnogo vremena, bili bismo otrčali do kioska i osvježili se. **e.** Pošao je

prema ulazu glavnog kolodvora da bi vidio da li dolazi njegov vlak. **f.** Išli smo (Otišli smo) na plažu da bismo se sreli s našim prijateljima iz hotela. **g.** Mislim da je otišao u diskoteku s dvojicom studenata (dvama studentima) i s dvjema studenticama. **h.** Na našem tečaju bilo nas je desetero. Od toga su bile dvije prijateljice iz Njemačke i osmorica prijatelja iz Francuske. **i.** Moja prijateljica si kupuje svakog tjedna dvoje hlače i troje cipele. **j.** Moj prijatelj se zanima za politiku. Svaki dan (dnevno) čita troje do četvere novine. **k.** Njegov otac je jako bogat. Ima troja sportska kola.

20A

Nächtlicher Fischfang

Ingrid und Isabell, so hieß nämlich ihre Kollegin, blieben am folgenden Tage bis acht Uhr am Strand, damit sie sich gleich nach dem Baden mit Ivo und Mato wegen des nächtlichen Fischfanges treffen können. Punkt acht Uhr begaben sie sich zum Treffpunkt. Etwas außerhalb der Stadt blieben sie auf einem größeren Stein stehen. An dieser Stelle war das Meer sehr tief. Die Sonne fing in diesem Augenblick an unterzugehen und sah aus, als verschwände sie in der Meerestiefe. Ihre Strahlen füllten zum letzten Mal die Meeresoberfläche und verschwanden in der dunklen Leere.

Im romantischen Halbschlaf bemerkten Ingrid und Isabell nicht die Ankunft des Fischerbootes.

Als sie sich der Küste näherten begrüßten Ivo und Mato ihre Freundinnen und halfen ihnen beim Einsteigen in das Boot. An Deck saßen Mladen und Mirjana. Ivo stellte ihnen seine neuen Freundinnen vor und sie entfernten sich in angenehmer Stimmung von der Küste. Nach kurzer Zeit warfen die Fischer mit Hilfe ihrer Freunde die Netze aus, zogen sich auf das Deck zurück und setzten sich um die angezündete Lampe herum.

Das Meer war ruhig. Die ersten Sterne badeten schon in seiner Tiefe. Die Atmosphäre wurde immer gemütlicher und romantischer. Die Gläser fingen sich an zu füllen mit dem duftenden Rotwein, die Gitarren erklangen in die tiefe Nacht und hörten nicht auf bis zum Morgen. Was für ein Fischfang?! Wer würde sich jetzt noch damit beschäftigen! Die Fische haben ja auch ein gewisses Recht auf Existenz und Genießen, falls das die Grenzen ihrer Moral nicht überschreitet.

Und tatsächlich, als sie zurückkamen, waren die Netze vollkommen leer. Kein einziges Fischlein! Als würden sie sich, vom Duft des Weines und den Klängen der Gitarren berauscht, in langsamem Tempo vor dem Fischerboot bewegen.

Als sie die leeren Netze sahen, freuten sich die Fischer noch mehr, warfen ihr Fischerzubehör auf das Deck und gingen nach Hause.

Aus ihrer Stimmung zu schließen, endete das Fischen mit einem sehr guten Erfolg.

20C

1.
b. Dođoh ... ugledah ... **c.** Mi mu predstavismo ... **d.** On mi predstavi ... **e.** Rekoh ... **f.** Reče ... **g.** Krenusmo ... **h.** Škola mu poče ...

2.
b. One počeše raditi ... **c.** Pozdravismo ga, ..., pa nas nije vidio. **d.** Predstaviše mi ... **e.** Ribar baci ... i osta ... **f.** Na brzinu pođoše kući i zaboraviše ...

3.
b. On se kupaše ... **c.** Kupasmo se ... **d.** Vrijeme bijaše ... **e.** Kiša padaše ... **f.** Bijasmo ... **g.** Bijaše mu ...

4.
b. ... jer sam bio bolestan. **c.** ... jer su bili preveliki valovi. **d.** ... jer je na putu bila prometna nezgoda (jer se dogodila prometna nezgoda).

5.
b. ... studij radi posla. **c.** ... radi knjiga. **d.** ... hotel radi sobe.

6.
b. O tom nisam pričao ni s jednim jedinim prijateljem. **c.** Na ulici nisam vidio ni jednog jedinog čovjeka. **d.** Na brodu nije bilo ni jedne jedine žene. **e.** Nikad ne mislim ni na jednu jedinu ženu.

7.
a. Predstavih im prijatelja i vratih se. **b.** Dođe kući oko deset sati uveče, ostade (osta) samo nekoliko minuta i nestade (nesta) za nekoliko dana. **c.** Pozdravi me kad sam bio već u tramvaju. **d.** Brodić napusti luku i nestade (nesta) među velikim valovima. **e.** Kupahu se svakog dana nekoliko sati. **f.** Vrijeme bijaše skoro svakog dana (svaki dan) sunčano. **g.** Bijaše jednom jedan (neki) stari čovjek. Kupaše se svakog dana u hladnoj vodi. **h.** Dolazim k tebi radi mojih knjiga. **i.** Sreo se s njom radi plesa. **j.** Napustila je školu zbog bolesti. **k.** To ne smiješ reći ni jednom jedinom čovjeku.

Die Reise nach Dubrovnik

– Ingrid! – ertönte Isabells Stimme. Du schläfst ja noch! Es ist schon fast neun Uhr. Hast du vergessen, daß wir heute nach Dubrovnik fahren?! Steh auf! Du verspätest dich!

– Oh weh, Isabell! Ich bin müde. Als wir gestern abend vom Spaziergang zurückgekommen waren, legte ich mich gleich hin und schlief ein. Die ganze Nacht wurde ich nicht wach. Wieviel Zeit haben wir noch?

– Wir haben noch ungefähr eine Stunde. Du brauchst dich nicht zu beunruhigen! Ich werde dir beim Packen der Sachen helfen.

– Noch jetzt tun mir die Füße weh. Wenn ich gewußt hätte, daß ich so müde werde, wäre ich lieber zu Hause geblieben.

– Ich bin vor einer halben Stunde aufgestanden, habe mich gewaschen und gekämmt und fühle mich jetzt ganz gut.

– Du bist gestern abend etwas später zurückgekommen, wenn ich mich nicht täusche?

– Ach ja! Ich bin mit einer Gruppe auf der Straße stehengeblieben. Wir betrachteten irgendwelche Leute, die sehr stark betrunken waren und sich gegenseitig aber beteuerten, daß sie noch vollständig nüchtern seien. Sie gingen zwei Schritte vorwärts, drei zurück, so daß es ihnen nicht gelang, sich von der Gaststätte zu entfernen. Es scheint mir, daß wir uns nicht länger als 5 oder 6 Minuten aufgehalten haben. Als ich nach Hause kam, habe ich gesehen, daß du schon eingeschlafen warst, so wollte ich dich deswegen nicht aufwecken.

Gegen zehn Uhr begaben sich zwei Autobusse, voll von Studenten, auf einer kurvenreichen und stellenweise engen Strecke, der sogenannten „Jadranska Magistrala" in Richtung Dubrovnik. Die adriatische Küste ist voll von schönen Inseln und Halbinseln. Südlich von Zadar erheben sich gegen die Ostseite hohe Berge, die teilweise karg und steinig sind.
Nach einigen Kurven längs der Küste wurden sogar die Schläfrigsten wach. Die lustige Gesellschaft unterhielt sich über die vergangenen Erlebnisse in Zadar und freute sich auf eine positive Überraschung in Dubrovnik.
Die Fahrt dauerte etwas länger als vorgesehen, weil die Straße eng und der Verkehr im Sommer groß ist. Hin und wieder ereignete sich ein kleiner Verkehrsunfall.

In Dubrovnik kamen sie spät nachmittags an, es blieb ihnen aber noch so viel freie Zeit, um die Altstadt mit ihren Mauern und engen Gassen besuchen zu können.

21C

1.
b. ... u kino jer sam bila zakasnila na autobus. **c.** ... kod kuće jer smo bili već otišli. **d.** ... kasnije jer su se bile zaustavile na ulici ... **e.** ... na kupanje jer se bila sastala sa svojim ...

2.
b. Da sam bila znala ..., ne bih Vas bila tražila čitav dan. **c.** Da smo bile primijetile ... ne bismo bile zakasnile ... **d.** Da je bio vidio ... bio bi ih ponio kući. **e.** Da smo bile znale ... ne bismo bile pošle ...

3.
b. Nakon što bijasmo popili ... **c.** Nakon što mi bijaše vratio ... **d.** Tek što se bijasmo sastali ...

4.
b. Među nama ... **c.** ... njegovim prijateljima, ... **d.** Među dobrim đacima ...

5.
b. ... krevetom. **c.** ... stolom. **d.** ... stablom.

6.
b. ... pločom ... **c.** Pred tobom ... **d.** ... vratima ...

7.
b. ... svojim prijateljima. **c.** ... trojicom prijatelja. **d.** ... njegovom majkom.

8.
b. ... mnom. **c.** ... njima. **d.** Za mojim bratom ... **e.** ... tobom.

9.
b. Nad starim knjigama ... **c.** Nad ogledalom ...

10.
a. Nisam te mogao nazvati kao što smo se dogovorili jer se nisam bio još vratio. **b.** Nisu došli k nama jer su bili dobili posjet. **c.** Da sam bio znao (Da sam znao) gdje ćemo se sresti, bio bih i ja došao. **d.** Ne znam, da li se tvoja knjiga nalazi među mojim stvarima. **e.** Možda si svoje cipele zaboravio pod stolom. **f.** Možeš ostaviti svoja kola pred mojom kućom (ispred moje kuće). **g.** Zašto nisi došao sa svojom prijateljicom? **h.** Doći ću za tobom.

22A

Über die kroatische Literatur

– Was sind das für Bücher, Ingrid?
– Welche?
– Die da auf dem Tisch.
– Diese hier! Das sind ausgewählte Werke von Eugen Kumičić. Ich habe sie heute in einem Antiquariat gekauft, welches sich in einer kleinen Straße der Altstadt Dubrovniks befindet.
  Ist dir dieser Schriftsteller nicht bekannt?
– Nein, er ist mir nicht bekannt, weil ich mich bis jetzt nur mit der Sprache beschäftigt habe, und auf den Seminaren in Zagreb und Zadar habe ich von ihm noch nicht gehört.
– Es ist auch kein Wunder. Sein Name ist tatsächlich in der europäischen Literatur unbekannt. Ich habe zufällig in einer Geschichte der kroatischen Literatur geblättert und habe mir so gemerkt, daß er viel über das Leben der Leute aus Istrien und im allgemeinen aus dem kroatischen Küstenland geschrieben hat. Da er in Istrien geboren wurde, ist fast in jedem seiner Bücher diese Thematik bearbeitet oder zumindest angeschnitten.
– Wann ist dieser Kumičić geboren?
– Er wird wohl ungefähr am Anfang der zweiten Hälfte des 19. Jahrhunderts geboren (worden) sein, weil seine Bücher ungefähr gegen Ende des Jahrhunderts gedruckt wurden. Ich erinnere mich nicht genau wann er geboren ist, aber ich weiß, daß er zu den kroatischen Realisten zählt.
– Was schreibt er?
– Er schrieb vorwiegend Erzählungen und Romane. Seine Werke wurden anfangs in verschiedenen Zeitschriften gedruckt und später auch als Bücher. Außer der Problematik aus dem Küstenland, sind in seinen Werken auch die Themen der kroatischen Geschichte behandelt, und in einigen sogar, nach dem Vorbild des französischen Naturalisten Zola, das verschwenderische und verkommene Leben der kroatischen Städte.
  Von alledem interessieren mich am meisten die Beschreibungen des Meeres, da ich sozusagen in diese Gegend, in dieses Meer, in diese Inseln und Halbinseln und im allgemeinen beinahe in jeden Stein verliebt bin.
– Sage mir, wie das Meer bei ihm beschrieben ist. Das würde mich auch interessieren.
– Ich werde dir einige Auszüge aus seinen Geschichten „Preko mora“ und „Jelkin bosiljak“ vorlesen.

22C

1.

b. Djela mu bivaju najprije izabrana a zatim tiskana. **c.** U njegovim romanima opisan je (biva opisan) život ljudi uz more. **d.** Zašto tvoje knjige ne bivaju tiskane? **e.** Ove novine bivaju tiskane samo jedanput mjesečno.

2.

b. Naše novine bijahu rasprodane ... **c.** Čaše bijahu ispijene ... **d.** Tema bijaše obrađena ... **e.** More bijaše opisano ...

3.

b. Ove novine bit će rasprodane za dva dana. **c.** Tema o moru bit će obrađena jako opširno. **d.** Naš auto će biti odmah prodan. **e.** Bit će rođen u jesen.

4.

b. Ako novine budu naručene, dobit ćemo jedne. **c.** Ako ova tema bude nasječena, reći ću mu o čemu se radi. **d.** Ako ovaj problem ne bude obrađen, neću ići na ispit. **e.** Ako njegova djela budu izabrana i tiskana ...

5.

b. Kad bi tvoj problem bio nasječen, ti bi došao. **c.** Kad bi ti put bio opisan, lako bi nas našao. **d.** Kad bi bila rođena za glazbu, znala bi pjevati.

6.

a. Kad ove novine budu tiskane, ja ću ih i kupiti (kupit ću ih). **b.** Svi njegovi romani bijahu tiskani (bili su tiskani) pred kraj prošlog stoljeća. Sada su nepoznati. **c.** U njegovim romanima i pripovijestima obrađene su različite teme. Najbolje je obrađena tema mora i ljudi na moru. **d.** Moja su djela bila izabrana i ponovo tiskana. **e.** Moju pripovijest moći ćeš čitati kad bude tiskana.

23A

Jelkin bosiljak

Herrlich ist das kroatische Istrien, nun unser Meer ist auch schön, wenn es ruht und auch wenn seine unbeständige Oberfläche schäumt. Bezaubernd und grauenhaft ist es in seiner schauderhaften Majestät, wenn ihm der gewaltige Wirbelsturm über die sausenden und aufgewirbelten Wellen das Salzwasser pulverähnlich hin und her trägt. Schön ist dieses unser Meer, wenn sich in ihm wie in einem glatten und kristallenen Spiegel der blaue Himmel, der graue Karst und das Grün der zahmen Küsten widerspiegelt. Interessant ist diese bewegliche und unbeständige Oberfläche.

Wer nicht neben und am Meer gelebt hat, hört die Leute dieses Wort aussprechen, sieht es häufig gedruckt und geschrieben, spricht es selbst so viele Male aus, aber was dieses Wort heißt, das kann er nicht begreifen, wenn er auch die Namen aller Meere, Buchten, Ozeane und Golfe kennte; der begreift dieses Wort nicht, selbst wenn er genau weiß, wie groß die Oberfläche dieser Meere ist, welche Winde über ihnen wehen, in welche Richtungen ihre Strömungen fließen, welche Fische in ihnen leben und aus welchen Elementen das Wasser besteht. Das Meer hat sein besonderes Leben, und wenn ich das sage, denke ich nicht an die Fische, Muscheln und die Pflanzen, die auf seinem Grunde wachsen. Es tut mir leid, dem Leser, der das Meer nicht kennt, nicht zumindest bis zu einem gewissen Maße dieses besondere und interessante Meeresleben erklären und beschreiben zu können.

Der Leser, der nur das Festland kennt, wird sich über meine Behauptung, über meine Worte wundern. Um das, was ich sage, zu bekräftigen, (...), sage ich, daß das Festland ein Mann und das Meer eine Frau ist. Das Festland kann man mit einem Manne wegen ihrer gemeinsamen Eigenschaften, und genauso das Meer mit einer Frau vergleichen, weil es die Schrullen einer Frau hat, weil es unbeständig wie eine Frau ist, verlockend, empfindsam und untreu. Nun, die Welt weiß es gut, daß auch nicht jener die Frau begreift, der mit ihr lebt, der sie sein Eigen nennt, wie könnte es dann jener begreifen, was eine Frau heißt, der sie nie gesehen hat? Wenn mir der Leser immer noch nicht glaubt, kann er sich leicht selbst überzeugen.

Eugen Kumičić

23C

1.
b. Ugledali smo nekoliko smijućih se žena. **c.** Volimo šumeće more. **d.** Kupali smo se u šumećem moru. **e.** Na ulici je sreo plačuću ženu.

2.
b. ... prozoru. **c.** ... stolici ... **d.** ... plaži.

3.
b. ... tvojem studiju. **c.** ... tebi. **d.** ... tvojem problemu.

4.
b. ... paragrafu ... **c.** Po selu ... **d.** Po ulici ...

5.
b. ... njoj. **c.** ... kući. **d.** Prema tvojem mišljenju ...

6.

b. ... ugodnom raspoloženju. **c.** ... polasku. **d.** Pri takvom vremenu ...

7.

b. ... šumi ... **c.** ... kinu. **d.** ... kući.

8.

b. ... grad. **c.** ... šumu. **d.** ... zatvorena vrata.

9.

b. ... krevet. **c.** ... stolicu ... **d.** ... ploču, ...

10.

b. ... tvojeg brata. **c.** ... tvoju sestru. **d.** ... tebe.

11.

b. ... nama? **c.** ... tvojim roditeljima. **d.** ... tvojoj sestri.

12.

a. Ona voli more i njegove šumeće valove. **b.** Svaki dan idemo u šetnju kroz šumu. **c.** Moram uvijek pomagati svojoj majci pri spremanju ručka. **d.** Ona razgovara rado o tuđim problemima. **e.** Po (prema) mojem mišljenju ona je nedužna (ona nije kriva).

24A

Preko mora

Es war eine dunkle Nacht, nirgendwo war die Küste zu sehen. Um sie herum das große, wüste, aufgewühlte Meer, welches sie erschrocken betrachteten. Sie sahen um das Boot herum nur zerschlagenen Schaum und die Wellen, wie sie sich gegenseitig einholen und überschlagen, wie sie sich gegenseitig jagen und spritzend hervorsteigen und aufschäumen (...). In jenem großen, weiten und immer gleichen Sausen des Windes und des Meeres erdröhnte, einmal weiter, einmal nah, dumpf, abgeschnitten, hart der Aufschlag der einzelnen, stärker angeschwollenen Wellen, die sich gegen die anderen überbieten und mit ihren verbogenen Spitzen vor sich niederschmettern. Dieser dumpfe Aufschlag, dieses plötzlich unterbrochene Schmettern der stärkeren Wellen belebt schauderhaft jene fürchterliche Eintönigkeit, jenes schreckliche, immer gleiche, tiefe Gebrüll des Wassers, als bärsten Zypressen und als brächen harte Knochen an den Mauern des gewaltigen und verschlossenen Grabes, aufgewühlt durch den Wirbelsturm, der in diesem Grabe immer gleich dumpf braust und heult.

Gegen Norden verdunkelte sich alles, ihnen nähert sich jene Wolke wie eine Mauer, schwarz, hoch vom Meere bis zum Himmel; in ihr kreuzen sich die Blitze, schneiden sie durch und winden sich wie Feuerschlangen, einige schneiden in das Meer hinein, als spielten alle Satane, alle Höllenungeheuer. Über das wüste Meer schallt dumpf das Donnern und geht verloren in dem Brausen.

Die dunkle Nacht heitert ein wenig der Schaum auf, der sich wütend über das aufgepflügte Meer und unter dem bedeckten, schwarzen Himmel windet. Kurz danach entfachte sich ein Gewitter, der Regen fing an zu gießen, als bräche der Himmel auf.

Unweit des Bootes schlug ein Blitz in das Meer, ein greller Schein sprengte für einen Augenblick jene schwarze Dunkelheit.

Eugen Kumičić

24C

1.
b. Tvoje olovke nema nigdje. Tvoje olovke nije bilo nigdje. **c.** Njegovog oca nema nigdje. Njegovog oca nije bilo nigdje. **d.** Njezinog brata nema nigdje. Njezinog brata nije bilo nigdje. **e.** Naših roditelja nema nigdje. Naših roditelja nije bilo nigdje. **f.** Vaših prijatelja nema nigdje. Vaših prijatelja nije bilo nigdje. **g.** Njihove djece nema nigdje. Njihove djece nije bilo nigdje. **h.** Našeg broda nema nigdje. Našeg broda nije bilo nigdje.

2.
b. Govorim o problemu, obrađenom u … **c.** Radi se o pitanju, nasječenom u …

3.
b. … svoje prijateljice. **c.** … auta. **d.** Bez novaca …

4.
b. … šume. **c.** … parka. **d.** … mora.

5.
b. … početka idućeg mjeseca. **c.** Od Zagreba do Karlovca … **d.** Od tvoje kuće do nas …

6.
b. … tvoje kuće. **c.** … školske ploče. **d.** … kuće. **e.** … nje. **f.** … stola. **g.** … knjige. **h.** … Zagreba? **i.** … parka.

7.
b. … njegova horizonta. **c.** … nas. **d.** … tebe? **e.** … njegovih roditelja. **f.** … njega.

8.

b. Poslije tebe ... **c.** ... Nove godine. **d.** ... njega. **e.** ... Borisa i njegove prijateljice. **f.** ... svojih principa. **g.** Umjesto njega ...

9.

b. ... našeg dogovora. **c.** ... knjige. **d.** Zbog lošeg vremena ... **e.** ... prevelikih valova.

10.

a. Poslije dva sata vožnje brodom nije bilo više obale. **b.** Kad sam se vratio, nije bilo tvojih roditelja. **c.** Teme nekih članaka, bolje obrađenih (koji su bili bolje obrađeni), jako su mi se dopale. **d.** Bez tvoje pomoći ne bih bio nikada našao plaže. **e.** On pliva pod vodom skoro 50 metara. **f.** Došao sam k njemu radi njegovoga prijevoda, ali ga nije bilo kod kuće.

Test 4

A.
a. 3, 4; **b.** 5, 2; **c.** 1; **d.** 1;

B.
a. 5; **b.** 4; **c.** 6; **d.** 2 oder 1; **e.** 1; **f.** 3;

C.
a. 3; **b.** 2; **c.** 1; **d.** 5; **e.** 4;

D.
a. 3; **b.** 4; **c.** 2; **d.** 1;

E.
a. 2; **b.** 5; **c.** 4; **d.** 3; **e.** 1;

F.
a. 3; **b.** 4; **c.** 5; **d.** 2; **e.** 1;

G.
a. 2; **b.** 4; **c.** 3; **d.** 5; **e.** 1;

H.
a. 2; **b.** 3; **c.** 3 oder 4; **d.** 1;

I.
a. 2; **b.** 3; **c.** 5; **d.** 4; **e.** 1;

Notizen

Notizen

Notizen